试点

改革的中国经验

郑剑　李冉　陈振凯　张广昭　等　著

江苏人民出版社

图书在版编目(CIP)数据

试点:改革的中国经验/郑剑等著. —南京:江苏人民出版社,2018.12(2021.4 重印)
ISBN 978-7-214-22781-2

Ⅰ.①试… Ⅱ.①郑… Ⅲ.①改革开放—经验—西北地区 Ⅳ.①D619.4

中国版本图书馆 CIP 数据核字(2018)第 247123 号

书　　　名	试点:改革的中国经验
著　　　者	郑　剑　李　冉　陈振凯　张广昭　等
策 划 编 辑	徐　海
责 任 编 辑	卞清波
责 任 校 对	康海源
装 帧 设 计	笙　箫
责 任 监 制	王列丹
出 版 发 行	江苏人民出版社
出版社地址	南京市湖南路 1 号 A 楼,邮编:210009
出版社网址	http://www.jspph.com
照　　　排	江苏凤凰制版有限公司
印　　　刷	江苏凤凰通达印刷有限公司
开　　　本	718 毫米×1 000 毫米　1/16
印　　　张	12.25　插页 3
字　　　数	132 千字
版　　　次	2018 年 12 月第 1 版　2021 年 4 月第 2 次印刷
标 准 书 号	ISBN 978-7-214-22781-2
定　　　价	56.00 元

(江苏人民出版社图书凡印装错误可向承印厂调换)

我们的致敬

今年是中国改革开放40周年,这是一个值得纪念和庆祝的年份。套用一句老话,40年在人类长河中不过是短暂一瞬,但对于中国和中国人民来说却是非同寻常、意义非凡。

这40年,波澜壮阔、凯歌奋进;这40年,披荆斩棘、风雨兼程;这40年,日新月异、天翻地覆;这40年,活力迸发、生机无限;这40年,壮丽辉煌、彪炳史册……我们可以把许多美好的赞语、华丽的辞藻,送给这40年,用于改革开放。

无疑,40年来中国改革开放取得巨大成功,深深改变了古老神州,极大地影响了当今世界,在中华民族发展史上写下光辉的篇章,在人类社会发展史上留下精彩的一页。对于这一点,想必所有经历过的人大抵会发自内心地认同,了解关注的人大都会不由自主地肯定,即使是那些听说一二却不带偏见的人也不会否定和反对。所以,我们纪念和庆祝改革开放。

中国的改革开放何以成功?这是一个很有价值意义也很有难度的课题,所以一直有许许多多的人在探寻、思考和研究。作为改革开放的见证者、参与者、受益者，我们也不揣浅陋积极地加入到这项复杂艰巨的任务中来。改革开放带来和蕴含的东西实在太多了，它需要也应该有更多的人来钻研、挖掘和表达。伟大进程、巨大成就、宏大场景，高才卓识者可以驰骋挥洒、尽展襟抱；实际问题、具体事件、有关片段，情真意切者亦能略抒己见、抛砖引玉。秉乎此，我们试着选择"试点"这样一个视角进行梳理、汇集和阐述，撰写了《试点：改革的中国经验》这本小书。

中国的改革开放前所未有，它的成功经验不胜枚举，而试点当为其中十分重要的一条。回顾历史可以看出，试点贯穿中国改革开放全过程和各方面，既是一种实践形态，又是一种实践智慧。历史经验也启示我们，改革开放将贯穿中国发展的全过程；改革只有进行时，没有完成时。所以，"试点既是改革的重要任务，又是改革的重要方法"这一重要思想仍然需要我们深入学习领会和贯彻落实。全书由郑剑同志统稿，第一章由黄晨等同志执笔，第二章由李冉同志执笔，第三章由陈振凯同志执笔，第四章、第五章由张广昭同志执笔。

本书能够成书和出版，得益于江苏人民出版社社长徐海同志，是他提出创意并提供支持；离不开责任编辑卞清波等同志，是他们反复沟通并精心编校。

大家的心情心愿是一致的，就是要给改革开放献上我们的敬意，表明我们坚决拥护和支持改革开放，由衷希望改革开放坚定不移地进行下去。

由于水平有限和时间仓促，书中还有许多不足不妥之处，敬请读者谅解和教正。

著者

目 录

第一章　试点的逻辑　1

第一节　试点的哲学基础　2

第二节　试点与国家治理　5

第三节　关于试点的研究　8

第四节　试点与中国道路　13

第二章　试点：改革开放的中国方法与中国经验　22

第一节　何为试点：观察试点的基本视野及其内在逻辑　23

第二节　善为试点：中国共产党与生俱来的战略优势　35

第三节　何以试点：试点的必然性和必要性　42

第四节　如何试点：试点的运行和基本方法　49

第五节　试点的风险及其防控　62

第三章　党的十八大以前的试点概览　67

第一节　引子　67

第二节　新中国成立以前的"试验"　71

第三节　新中国成立到改革开放以前的试点　81

第四节　改革开放以后到十八大之前的试点　110

第四章　党的十八大以来的试点工作扫描　148

第一节　经济领域改革试点　149

第二节　政治领域改革试点　157

第三节　文化领域改革试点　168

第四节　社会领域改革试点　169

第五节　生态文明领域改革试点　172

第五章　党的十八大以来的试点工作分析　177

第一节　试点工作呈现新特点　178

第二节　试点思想逐步系统化　185

第一章
试点的逻辑

试点作为一种重要的政策形式，在我国被广为采用。习近平总书记曾指出，试点的目的就是通过对局部地区或某些部门、领域的改革试验，总结成败得失，完善改革方案，寻找规律，把解决试点中的问题与攻克面上共性难题结合起来，探索改革的实现路径和实现形式，为面上改革提供可复制可推广的经验做法。回顾历史，可以看出，在波澜壮阔的中国革命、建设、改革历程中，试点发挥了重要的作用。一方面，试点提供了多种政策同时试验的可能性，为选择最优的推广政策提供了空间；另一方面，试点有利于弥合争论，以实践结果作为评判的最重要标准。试点是马克思主义实践论的具体运用，也是创造性国家治理的智慧结晶。

2017年5月23日，中共中央总书记、国家主席、中央军委主席、中央全面深化改革领导小组组长习近平在中央全面深化改革领导小组第三十五次会议上强调，抓好试点对改革全局意义重大。要认真谋划深入抓好各项改革试点，坚持解放思想、实事求是，鼓励探索、大胆实践，敢想敢干、敢闯敢试，多出可复制可推广的经验做法，带动面上改革。这是我国党和国家最高领导人对改革试点工作的重要指示和部署，试点的重要性由此可见一斑。在中国的政策语言体系中，"先行先试""典型示范""以点促面""点面结合""逐步推广"等特有词汇，产生于试点工作，也为我们对试点的理解提供了关键词。试点这一诞生于革命年代的方法论，历经长期实践证明后得到广泛认可，作为一项优良传统和成功经验运用到国家的现代化建设进程中。

什么是试点？"突破一点，取得经验，然后利用这种经验去指导其他单位"[①]，"在全国的统一方案拿出来以前，可以先从局部做起，从一个地区、一个行业做起，逐步推开。中央各部门要允许和鼓励它们进行这种试验。试验中间会出现各种矛盾，我们要及时发现和克服这些矛盾。这样我们才能进步得比较快"[②]。

第一节 试点的哲学基础

人对客观世界认识的有限性，是试点必要性的重要基础。客观世界需要被认识的对象是无限的，而人所身处的时间和

[①]《毛泽东选集》第3卷，人民出版社，1991年，第897页。
[②]《邓小平文选》第2卷，人民出版社，1993年，第150页。

空间是有限的。在历史条件和所处环境的限制下,人对世界的认识进一步受到限制。人不可能了解所处世界的全部信息,更不可能了解事物发展的全部规律和联系。人类认识的有限性导致了人往往需要在不确定的条件下采取行动、实现发展。人可以通过学习、推理等方式扩展对客观世界的认识,但人类认识的有限性决定了不确定条件无法在我们遭遇的困难中消除。

面对不确定条件,如何认识世界、改造世界?通过实践认识世界、改造世界,是马克思主义者的答案。人与客观世界的关系是认识和实践的关系。认识世界的目的,就是更好地改造世界。实践是对世界再认识的重要方式,人在实践的过程中获得对世界的进一步认识。科学探索的试验、工程研制的样品、社会政策的试点,都是通过实践认识客体的具体体现。实践是检验真理的唯一标准。人类认识的有限性决定了任何理论都不能作为检验真理的标准,只有实践才能作为检验真理的标准。因此,实践是检验成果和应对不确定性最直接也是最根本的方式。

实践哲学也一直是指导我们党和国家事业不断发展的重要思想。毛泽东思想系统地发展了马克思主义并使之中国化。毛泽东同志认为,实践是认识的来源,实践是认识发展的动力,实践是认识真理性的标准,实践是认识的最终目的。这种思想被进一步浓缩为中国共产党"实事求是"的根本原则,并贯彻于政治、经济、文化等各领域的建设发展中。邓小平理论继承并广泛运用了毛泽东思想的实践观。邓小平理论始终坚持从实践中总结经验,并从实践中提出发展措施。邓小平同志认为

"实践是检验真理的唯一标准",同时以试点的形式推行众多改革措施,推动了改革开放伟大实践。他鼓励各地区各部门因地制宜实施试点和试验。实践使邓小平理论始终保持鲜活的生命力,准确、妥善地应对了发展中遇到的困难,为新时期探索合适的发展道路作出了重要贡献。

正如毛泽东同志在《实践论》中指出的:"实践、认识、再实践、再认识,这种形式,循环往复以至无穷,而实践和认识之每一循环的内容,都比较地进到了高一级的程度。这就是辩证唯物论的全部认识论,这就是辩证唯物论的知行统一观。"这种实践思想不仅贯彻于科学研究,也被广泛应用于公共政策领域,试点正是一种生动体现。概括起来可以说,人类认识的有限性和实践对于认识世界、改造世界的重要作用,是试点作为改革经验的重要哲学基础。

历史唯物主义认为,人民群众是社会实践的主体,是社会物质财富和精神财富的创造者,是推动社会变革和历史前进的决定性力量。尊重人民群众的首创精神,正是试点的价值发源,也是我国改革开放取得巨大成就的重要经验和重要方法。

习近平总书记在十八届中央政治局第二次集体学习时指出:改革开放是亿万人民自己的事业,必须坚持尊重人民首创精神。深化改革是为了人民,也必须依靠人民,尊重人民群众的首创精神,发挥人民群众参与深化改革的积极性和创造性。改革需要创造力,人民群众蕴藏着极大的改革动力和创新智慧,激发这种创造力,就必须保证人民群众的利益,让改革成果惠及人民群众。1978年3月,邓小平同志在国务院第一次全体会议上说:什么叫社会主义?它比资本主义好在哪里？每个人平均六百几十斤粮食，好多人饭都不够吃，28年只搞了2300万吨钢，能叫社会主义优越性吗？1984年6月，邓小平同志在会见外宾时再次指出：社会主义要消灭贫穷。贫穷不是社会主义，更不是共产主义。1992年初，邓小平同志视察南方时又一次提出：社会主义的本质，是解放生产力，发展生产力。不发展经济，不改善人民生活，只能是死路一条。习近平总书记曾多次强调："人民对美好生活的向往，就是我们的奋斗目标""把是否给人民群众带来实实在在的获得感，作为改革成效的评价标准""把改革方案的含金量充分展示出来，让人民群众有更多获得感""我们要始终实现好、维护好、发展好最广大人民根本利益，让改革发展成果更多更公平惠及人民"。40年改革开放的历程表明，从改革一开始，我们党就坚定不移把增进民生福祉作为根本目标，充分发挥了人民群众的首创精神，调动了人民群众参与和推动改革的积极性。诸如农村改革从安徽凤阳小岗村的"大包干"开始，企业改革从福建企业要求松绑开始，市场调节从集贸市场开始，对外开放从"三来一补"开始等等，一系列影响重大的改革措施的推出，都是以人民群众创造的具体改革经验和做法为重要依据的。

第二节　试点与国家治理

英国著名学者霍金曾在世纪之交的2000年断言："下个世纪将是一个复杂性的世纪。"进入21世纪，随着经济全球化、世界多极化、文化多样化、社会信息化不断发展，复杂性特征日趋明显。由于与西方在历史文化、思维方式、地理环境、社会制度、资源禀赋等方面存在诸多不同，中国的治理面临着特殊而复杂的国情，其难度举世罕见。目前的国家治理体系，是在我国历史传承、文化传统、经济社会发展的基础上长期发展、渐进改进、内生性演化的结果。作为执政党的中国共产党，必须探索一种适合本国国情的治理模式。

试点是中国国家治理无法分割的一部分，是重要的改革和发展方法论。当代中国发展中面临的问题往往是中国式的问题，也是中国现代化道路上首次遇到的问题，既不能全面照搬他国经验，也无法完全借鉴前人制度。最合适的办法往往是在实践的过程中，以试点的方式总结经验教训改进而成。从中央到地方，各级政府都常常采用试点作为解决问题的探路器。这种改革和发展的方法论有其独特的意义。

第一，通过试点实施政策几乎是了解政策效果的唯一方式。社会情况的复杂性、公共事件参与主体的多元性和对社会客观规律认识的有限性，使得我们无法准确估计复杂的公共政策的效果。推理和预演往往和实践有差距，而通过试点可以了解和检验政策效果。

第二，试点有助于积累政策经验，允许多点并行，快速优化政策。试点可以为政策提供广泛、直接的一手经验，并且试点允许多点并行，通过多个试点可以探索不同的发展模式，提供不同政策的比较经验。

第三，试点能有效减少试错成本，经过实践检验和改进后推广，政策更为成熟。试点通过小范围的尝试，检验政策效果。即便存在意外情况，结果仍然可控，社会付出的成本较少。在试点过程中获得的经验改进政策,待政策成熟后再行推广,社会成本更低。

第四,试点可以点带面,有效带动全局发展。试点的结果无论成败都对于全局发展具有示范作用。一方面可以总结教训、推广经验,另一方面有利于参与主体凝聚共识、合力促进发展。试点的结果经过实践检验,可预期的结果也有利于推动工作开展。

我们党领导人民建设新中国的历史经验,已经证明了试点作为改革发展方法论的科学性和有效性。最为著名的试点或许是改革开放中深圳经济特区先行先试。在对于经济体制和治理理念的争论中,深圳经济特区作为改革开放的试点,不仅弥合了争论、使改革得以迈出第一步,并且实践的结果凝聚了人心,对全国改革开放起到引领和示范作用。深圳经济特区试点过程中的成熟经验被逐渐推广到全国。深圳经济特区的试点是我国社会主义市场经济制度建立和发展的重要源头,助推创造了几十年来中国发展的经济奇迹。试点的方法论在改革的重要时间关头发挥了举足轻重的作用。深圳经济特区之外,还有诸多通过试点探索出正确发展路径的案例。从自由贸易试验区到三轮国有企业改革,从三轮司法改革试点到智能制造试点,我们始终坚持这种做法和经验,并运用于各类具体问题。

试点的做法和经验推而广之是试验式治理。试验式治理同样是发展的重要方法。试点本身是重要的政策试验方式,但并非唯一方式。试验式治理是对试点深化运用的高效、稳妥的发展方法。比如,网约车是近年兴起的新事物,它使各级政府面临一个新的监管挑战，而试验式治理方法对于完善其治理机制发挥了重要作用。在面对这一新的治理难题时，中央政府首先确立了支持网约车规范发展的基本立场和原则，各地相继出台了对于司机、汽车、平台等各方面的具体规范。在地方规范发展的过程中，治理模式逐渐成熟，使网约车逐渐融入既有市场管理体系。中央政府明确原则和方向，地方政府结合具体情况探索发展方式，试验式治理探索了新的治理机制。

进入新时代，试点和试验式治理的方法论显得尤为重要。改革进入攻坚克难的深水区，改革仍然需要摸着石头过河。我们面临全新的挑战，并且无法借助前人经验，试点方法论的意义更为突出。面对这一现实，试点可以发挥探索性作用，以点带面带动改革全局发展。

第三节 关于试点的研究

多年来，中外学界对试点方法和政策有很多关注。关于试点的性质、试点的作用、试点的影响及试点的分类等，学者们进行了诸多探讨。南开大学的周望认为，试点可以被理解为中国治理实践中所特有的一种政策测试与创新机制，其作为在中国"土生土长"起来的一项治国理政策略和政策方法论工具，是对于渐进性转型路径和"摸着石头过河"思维的具体实现形式。他还认为，政策试点是中国改革事业的整个策略体系中不可或缺的部分，是中国共产党和中国政府在对治国理政经验不断总结升华的过程中逐步形成的。德国的韩博天认为，由地方发起改革和试验，成功之后上升为国家政策推广到全国，我们把这样的政策过程称之为政策试验，这种政策试验的方法对1978年以来的中国极为重要。在《政策试点的特征：基于〈人民日报〉1992—2003年试点报道的研究》中，清华大学的梅赐琪等分析了政治因素对试点内容和试点推广的影响。研究指出，政策试点的"灵活性"使其易受政治因素影响，而这种灵活性对于有效率的制度变迁没有好处。

对于作为成功要素之一的试点经验，中央民族大学的郑文焕认为，地方试验要上升为国家政策，需要依靠制度化捷径、各层级领导小组，以及正式科层制度支撑的有机结合。这一点可以解读为，机制体制的配套改革，对于试点推进的保障作用。如果领导不重视，任务不下达到合适的部门合适的人，没有监督和评估机制，那试点政策的利好也只能是摆设了。韩博天从政策过程出发，尝试对中国共产党领导下的政策试验和制度创新进行解读，进而提供对"中国模式"进行理解的一个角度。周望相对系统地，从政策科学的角度较为全面地梳理和分析了中国政策试点的历史脉络和运行过程、作用机制，但并没有从试点在中国共产党带领中国人民一路走向民族复兴道路上的重要意义进行更高维度的解读。

试点是"中国模式"得以形成的重要支撑。"中国模式"蕴含了马克思主义的世界观、方法论。首先，"中国模式"体现了实践第一的哲学理念。实践是马克思主义的基石，其实质就是以实践性为根本特征的实事求是精神，坚持一切从实际出发，理论联系实际，在实践中认识、检验和发展真理。中国共产党在领导中国人民探索社会主义建设道路的过程中不是照搬马教条,而是用其基本立场、观点和方法,立足于中国社会主义建设、改革开放的实际,科学审视面临的新情况、新问题,不断回答时代提出的新课题。① 例如,中国在经济转轨的路径上,没有采取苏联和东欧国家的激进"休克疗法",而是坚持渐进的改革模式。

从试点实践看,中国一方面强调顶层设计,同时也鼓励基层探索,注重二者的互动和配合。这一方法在根源上,与"从实践中来到实践中去"的中共认知是一致的。例如国务院于2016年批准的服务贸易创新发展试点,指导部委(商务部)协调推进涉及中央事权(如服务领域开放)的事项,鼓励各地在管理体制、促进机制上大胆创新和尝试。中国的改革是在缺乏充分的理论准备的情况下开始的。尤其是早期的中国共产党,往往不知道什么道路能达到目标,并使人民得到最大的利益、使改革的成本和风险控制在尽可能小的程度。在这样的情况下,把生产力目标和人民利益目标放在首位,通过"大胆地试""摸着石头过河"来探寻符合时代要求和中国国情的制度和通向这种制度的道路,就十分必要了。②

以试点为代表的渐进式改革,采取试错的方式来探索发展道路,是中国道路认知论的鲜明特点,使中国在改革发展进程中平稳不翻车,避免了系统性风险和颠覆性错误。有学者认为区别于传统的革命,试点是一种新型的革命,采取"先立

---

① 詹宏伟:《"中国模式"的哲学研究》,中国社会科学出版社,2016年,第38页。
② 孙代尧:《渐进改革与制度演进——解读中国改革的一种视角》,《河南大学学报(社会科学版)》2007年第1期。

后破"方式，不断实现经济社会制度的自我完善。例如，农村家庭联产承包责任制改革这样一项试验任务，第一年在三分之一的省份实行，其他的有抵触，见到效果后，第二年又有三分之一的省份跟上来，也实行了。第三年，全国都实行了，粮食短缺问题一下子解决了。① 采取先试验、后推广的方式，先体制内、后体制外等增量改革或渐进式改革策略，可以避免激化社会矛盾。中国共产党领导的中国经济改革，绝大多数都不是在全国范围内一次性全面推开，而是从较小范围做起，在取得一定成果后总结经验，在局部推广，从点到面，逐步扩围。

我国的经济改革大多不是在全国范围内同时推开的，而是每项改革措施都从较小范围内的试验开始，在取得成果并进行总结的基础上加以局部推广，由点及面，不断总结和观察，进而扩大其实行范围。

周望将试点类型按照偏重时间和偏重空间两个维度分为试点项目和试验区，其中前者强调在一定时间范围内进行，后者强调在一定空间范围内进行。在试点项目中，又按照目标导向分为探索型、测试性和示范型。对于试验区，则参考了发改委曾采用的根据自身职能分类的方式，将试验区从纵向分为国家综合配套改革试验区、部省共建试验区、国务院部委指导建设的试验区和地方自建试验区。

---

① 詹宏伟：《"中国模式"的哲学研究》，中国社会科学出版社，2016 年，第 87 页。

类别		特征	类别	特征	实例
试点	试点项目	侧重时间维度，在一定时间段和一定范围内进行	探索型项目	赋予试点单位相应权限，要求其制定新政策方案	上海、重庆房产税改革试点
			测试型项目	某项政策全面推行前在个别地区或部门实施，观察实际效果	营业税改增值税试点
			示范型项目	选择部分地方或部门按高标准执行新政策，进行积极展示	循环经济试点（发改委）
	试验区	侧重空间维度，一系列项目在一定区域内集合	国家综合配套改革试验区	国务院批注，对口发改委，内容宽泛	上海浦东新区综合配套改革试验区
			部省共建试验区	各部委与各省政府签署合作协议	教育改革试验区等
			国务院部委指导建设的试验区	部委在各级地方布置建设	服务贸易创新发展试点
			地方自建试验区	各级地方政府独立或合作开展建设	北京大兴农村金融改革试验区

从目前的情况看，试点中的一大部分都是以各种形式的"试验园区"形式存在的。尽管发改委曾根据其工作需要，从自身职能角度出发对试验区进行过分类，但中央政府层面明确对各类试点进行分类和明确的工作并不多见。国家统计局为满足普查、统计常规调查和专项调查的需要，曾研制园区分类编

码并征求各方意见,初步方案是将园区分为32类。① 其中,涉及政策试验的园区有:

序号	园区类别名称	特征
1	国家自主创新示范区	在推进自主创新和高技术产业发展方面先行先试、探索经验、作出示范的区域
2	自由贸易试验区	目的是以制度创新为信心,以可复制可推广为基本要求,在加快政府职能转变等方面进行积极探索和大胆尝试,为在全国范围内全面深化改革和扩大开放探索新途径、积累新经验
3	跨境电商综合试验区	跨境电子商务综合性质的先行先试的城市区域
4	沿边重点开发开放试验区	是我国深化与周边国家和地区合作的重要平台
5	国家军民融合创新示范区	率先探索形成军民融合发展可复制可推广经验做法的地区
6	国家可持续发展实验区	地方性可持续发展综合试点,探索不同类型地区的经济、社会和资源环境协调发展的机制和模式,为实施可持续发展提供经验

第四节 试点与中国道路

试点虽然是在改革开放历史新时期广泛采用、大放异彩的探索方式,但是实际上,在革命、建设年代的试点同样有着不少成功的事例和经验,为改革开放新时期的试点提供了宝贵的

---

① 国家统计局:《统计用园区分类编制规划(第二次征求意见稿)》。

借鉴。

一、革命时期的试点探索

　　试点发轫于中国共产党在土地改革实践中的方法探索与经验积累。在土地改革运动初期，中央在具体做法方面还未形成统一意见，更无现成经验可循，同时各个革命根据地在实施过程中所面临的情况差别颇大。在这一形势下，只能依靠各地党组织充分发挥自己的创造精神，领导农民群众在实践中不断摸索前进，为全局性工作的开展积累经验。1928年，毛泽东同志在井冈山、邓子恢同志在闽西就分别尝试用不同的方法进行土地改革的初步试验，这些探索性试验为后来党的土地政策提供了最初的实践经验。随着试验数量的不断积累，至瑞金时期，中国共产党已经初步摸索出一整套开展各种土地改革政策实施试验的工作流程：首先，对不同地区进行全面细致的调查研究，挑选出具备开展土地改革试验条件的若干地点；其次，派遣由骨干组成的工作组到挑选出来的各个地区，在这些范围比较小的地点试验新的土地改革措施；再次，定期向上级汇报试验工作进展，同时通过改革实践来培养当地积极分子和潜在的新干部，并组织其他地方的干部和群众到这个示范点来参观；最后，迎接上级下派调查组对试验成果的检验，推广经上级确认的有益于党的方针政策的做法，把示范点的干部和积极分子分派到新的试验地区。当时，在试验过程中涌现出的一系列典型示范地区，如"苏区模范乡""模范兴国"等，对其他地区的相关工作提供了有益的经验和积极的示范作用。中央开始将"积极试点""典型示范"作为一种有效的工作方法，注重通过个别典型示范来推动全局工作,多次强调"先进的地方应该更加前进,落后的地方应该赶上先进的地方"。产生于土地改革实践中的试点工作模式,因其显著的积极效应而开始被应用于党的其他工作领域。这主要是由于在革命战争年代的特殊环境下,中央难以对各根据地的工作进行具体指导,同时很多工作确实也没有现成的经验可以借鉴。于是在考虑到不同地区多样性的基础上,中央鼓励各地党组织为应对一些新的问题而探索各种新的做法,希望能够从中创造出有益的经验并且推广到其他地区。

到了延安时期,试点被正式确认为由"典型试验"和"由点到面"所构成的党的一种领导和工作方法。毛泽东同志在关于领导工作方法的一系列讲话中多次强调:"突破一点,取得经验,然后利用这种经验去指导其他单位。""我们应当坚决采用逐步推广的方法,不用普遍动手的方法。逐步推广的运动,看来很慢,其实是快;普遍动手的方法,看来是快,其实是慢。""不要全面动手,而应选择强的干部在若干地点先做,取得经验,逐步推广,波浪式地向前发展。"在这一时期,通过先行"试点"、渐次"推广"来确立新的制度规章已经成为普遍性的手段,不同地区、不同党支部之间甚至还开展了"试点"工作比赛。至此,试点由特定领域的工作经验升华为一种普适性较强的工作方法。

二、新中国成立初期试点的经验得失

新中国成立后,试点工作方法的应用范围进一步扩大,被中国共产党运用到治国理政的多项议程中。而随着试验数量不断增加、试验类型不断丰富、试验环境不断变化,中国共产党对试点的认识也在逐渐深入,开始有了一些系统性的思考。为了使试点这一工作方法能够更快地在全国范围内推开,中国共产党首先对试点的价值、原则以及其他多个方面进行了深入总结,并形成提纲式的文件。

1953年10月,一份干部学习理论刊物发表文章,将试点的价值总结为:其一,进行试点可以减少执行不熟悉政策时的"盲目性",给干部群众提供观摩和学习新政策的机会;其二,先行在小范围内尝试新的政策和制度,使地方群众参与到试验中来,可以赢得群众对新政策的支持;其三,在执行新政策时预先进行试点,有助于节省人力、物力和时间。这篇文章还指出,成功进行一项试点还需要把握以下几点原则:一是要掌握好进行试验的时机并做好充分准备,仓促试点很可能会导致失败;二是要挑选各方面条件都适宜的地区,在具备一定典型性的地方得出来的经验才能够对其他地区形成有效指导;三是试验工作中所配备的干部和积极分子的能力要强;四是要实事求是地总结试点工作,这样才可能提取出可供推广的经验。在这些工作的基础上,1963年9月20日出版的《人民日报》专门发表社论,对试点进行了第一次全方位的总结,涉及试点的内涵、试点在政策制定与执行过程中的异同、开展试点的策略性与科学性等方面。应该说,这些梳理和总结对现在的试点仍具有一定的适用性。然而到了"文革"期间,由于党和政府的正常工作受到极大干扰,相应地,这一时期的试点也受到严重影响,其真实性、代表性难以得到保障。为了使试验结果能够"符合"预期目标,当时普遍对试点对象搞特殊化,不恰当地对试点地区赋以各种特殊条件,从而影响到试验的真实效果,而这又进一步影响到后期推广这些试验成果的成功率。同时,原来各地根据自身现实情况来辩证借鉴先进典型的学习模式,变成了盲目地学习样板、不顾实际照搬一切。这些无疑都使试点内涵走样变形、价值意义大打折扣,甚至丧失殆尽。

三、改革开放以来试点的广泛推行

改革开放伊始,试点作为对"实践是检验真理的唯一标准"的一种操作化工具,开始被恢复应用于改革实践中,并一步步发展壮大。邓小平同志对通过试验(试点)来推动相关改革予以充分肯定:"在全国的统一方案拿出来以前,可以先从局部做起,从一个地区、一个行业做起,逐步推开。中央各部门要允许和鼓励它们进行这种试验。试验中间会出现各种矛盾,我们要及时发现和克服这些矛盾。这样我们才能进步得比较快。"陈云同志也强调:"改革固然要靠一定的理论研究、经济统计和经济预测,更重要的还是要从试点着手,随时总结经验,也就是要'摸着石头过河'。"万里同志则进一步提出:"我们党长期倡导的'从群众中来,到群众中去'的群众路线的方法,'集中起来,坚持下去'的领导方法,抓典型、搞试验、调查研究、解剖麻雀的工作方法等等,都是行之有效的决策方法,至今仍然是我们应该继承的宝贵财富。"

1992年10月,党的十四大明确把"试验"写入了《中国共产党章程》:"党的思想路线是一切从实际出发,理论联系实际,实事求是,在实践中检验真理和发展真理。全党必须依据这条思想路线,积极探索,大胆试验,创造性地开展工作,不断研究新情况,总结新经验,解决新问题,在实践中丰富和发展马克思主义。"与试点地位不断提升相一致的是,改革开放以来试验的类型也在愈加多样化,这具体表现为先后成立的各种特区、新区、开发开放区、专门性试验区、综合性改革配套试验区,以及内容越来越丰富的各种试点项目。同时,有鉴于试点工作的普遍性和重要性,中国政府自改革开放初期就设立了负责此项任务的相关机构,并延续至今。例如成立于1982年的国家经济体制改革委员会,就被赋予了四项任务:理论创新、设计总体方案、协调各方利益、组织"试点"。随后国家经济体制改革委员会在1988年还单独设置了综合规划和试点司,以专门负责对中央各个部门和地方经济改革试点工作进行指导和协调。而国家发展和改革委员会在2003年成立后,其内设机构经济体制综合改革司的主要职责之一也包括有组织指导专项经济体制改革试点和改革试验区工作,同时还沿袭惯例设立了一个专项部门——改革试点指导处。

四、新时代试点的全面推行

2012年12月,习近平总书记在十八届中央政治局集体学习时指出:"摸着石头过河,是富有中国特色、符合中国国情的改革方法。摸着石头过河就是摸规律。"他说:今天我们还"要采取试点探索、投石问路的方法,取得了经验,形成了共识,看得很准了,感觉到推开很稳当了,再推开,积小胜为大胜"。新的实践也促使人们不断深化对改革的认识。习近平总书记指出:"摸着石头过河和加强顶层设计是辩证统一的,推进局部的阶段性改革开放要在加强顶层设计的前提下进行,加强顶层设计要在推进局部的阶段性改革开放的基础上来谋划。""试点是改革的重要任务,更是改革的重要方法。"习近平总书记主持召开中央全面深化改革领导小组第十三次会议并发表重要讲话时指出,试点能否迈开步子、趟出路子,直接关系改革成效。要牢固树立改革全局观,顶层设计要立足全局,基层探索要观照全局,大胆探索,积极作为,发挥好试点对全局性改革的示范、突破、带动作用。

党的十八届三中全会以来,习近平总书记主持召开了四十次中央全面深化改革领导小组会议,几乎每次会议都要审议通过一些领域、行业、部门的改革试点意见,从自贸试验区改革试点到司法领域改革试点,从国企改革试点到生态领域改革试点,从群团工作改革试点到国家监察体制改革试点,全面深化改革的成果由点及面、次第花开。在深改的任务清单上,这些试点构成了重要组成部分,它们是改革能否全面深化的试验田,其地位作用更加突出,方法论意义更加突显。

抓好试点是改革破局开路的重要一招,也是改革全面深化的有效途径,要发挥好其对全局性改革的示范、突破、带动作用。习近平总书记指出:"改革的'前哨站''侦察岗'建起来了,关键是要能掌握情况、发挥作用。"试点工作要抓紧抓实,务求实效。做到这一点,试点单位必须解放思想、实事求是、与时俱进,尽可能把问题穷尽、让矛盾凸显,真正起到压力测试作用。抓好改革试点,要尊重基层实践,多听基层和一线声音,多取得第一手材料,正确看待新事物新做法,只要是符合实际需要、符合发展规律的,就应给予支持,鼓励试、大胆改;要保护好地方和部门的积极性,最大限度调动各方面推进改革的积极性、主动性、创造性；要加大对试点的总结评估，对证明行之有效的经验做法，要及时总结提炼、完善规范，在面上推广；要区分不同情况，实施分类指导，提高改革试点工作有效性。

全面深化改革是一项复杂的系统工程，必须坚持科学的方法论。党的十八大以来，习近平总书记就此发表了一系列重要讲话，其中特别强调树立战略思维、辩证思维、法治思维、系统思维、底线思维、创新思维。他指出："改革开放是一场深刻而全面的社会变革，每一项改革都会对其他改革产生重要影响，每一项改革又都需要其他改革协同配合。要更加注重各项改革的相互促进、良性互动，整体推进，重点突破，形成推进改革开放的强大合力。""必须从纷繁复杂的事物表象中把准改革脉搏，把握全面深化改革的内在规律，特别是要把握全面深化改革的重大关系，处理好解放思想和实事求是的关系、整体推进和重点突破的关系、顶层设计和摸着石头过河的关系、胆子要大和步子要稳的关系、改革发展稳定的关系。"

习近平总书记关于改革方法论的系列重要论述，体大思精。根据习近平总书记讲话精神，中央和各地各部门在研究部署全面深化改革的顶层设计和总体规划，明确提出改革总体方案、路线图和时间表的过程中，要把试点作为深化改革的重要任务和重要方法，根据改革需要和试点条件，灵活设置试点范围和试点层级，科学组织、精心实施，让试点迈开步子、蹚出路子，取得实效。

全面深化改革，要敢于涉险滩，敢啃"硬骨头"，既解决好改革认识论问题，注重改革的系统性、整体性、协同性，又解决好改革方法论问题,以科学的方法论指导实践,善于在重点领域、关键环节率先取得突破。正如习近平总书记指出的:"我们是一个大国,决不能在根本性问题上出现颠覆性失误,一旦出现就无可挽回、无法弥补。同时,又不能因此就什么都不动、什么也不改,那样就是僵化、封闭、保守。要采取试点探索、投石问路的方法,取得了经验,形成了共识,看得很准了,感觉到推开很稳当了,再推开,积小胜为大胜。"

第二章
试点：改革开放的中国方法与中国经验

　　试点是中国改革开放的重要方法论，试点研究是改革开放研究乃至中国共产党研究一个十分重要、很有价值甚至不可或缺的学术视角。试点试验，是任何时代任何国家都可能展开的治理行为，但是中国共产党对试点的组织和运用却尤为典型和成功，这其中既有历史的必然性也有现实的合理性。试点，体现了中国共产党人从实践到认识再到实践的政治哲学，体现了"摸着石头过河"与顶层设计相结合的行动方法，体现了"从群众中来到群众中去"的高度智慧，体现了对人民群众首创精神的充分尊重。中国共产党在领导试点的过程中，展现出独特的战略优势，在领导体制机制、领导方法、领导艺术等方面有着鲜明的特征。在新形势下，总结改革开放 40 年来的试点经验，既要善于把握试点工作的特点规律和我们的优势，也要善于发现并防范试点的固有风险和挑战,如此才能实现试点与全面深化改革的良性互动,确保改革事业行稳致远。

第一节 何为试点:观察试点的基本视野及其内在逻辑

改革开放是中国共产党带领人民进行的新的伟大革命,是决定当代中国命运的关键一招,也是决定实现"两个一百年"奋斗目标、实现中华民族伟大复兴中国梦的关键一招。这一招激发了中华民族的新觉醒,推动了中国社会的新变革,实现了中国人民的新解放,撬动了世界历史的新发展。改革开放的恢宏篇章是如何写就的?中国共产党的这一招有什么成功"密码"?这是任何一个善作善成的奋斗者都必须认真思考的问题。回望来时的路,比较别人的路,远眺未来的路,可以说,改革开放本身就是社会主义建设与国家治理的一种新型试点,而试点也是改革开放顺利推进的重要方法论,正如习近平总书记所指出的,"试点是改革的重要任务,更是改革的重要方法"。广而言之,对于一个致力于从此岸世界到彼岸世界的探索者来说,中国共产党所做的一切又何尝不是人类文明进程中的一个试点呢?因而,试点研究是改革开放研究乃至中国共产党研究一个不可或缺的组成部分,是读懂中国、读懂中国共产党的一个必要的视角。

一、"政策"视野下的试点

"政策"视野下的试点,就是在试点与国家政策制定和调整的良性互动中对试点的政策功能加以把握,即国家允许地方根据自身实际情况,探索各种能够解决问题的方法,成功的地方经验会被吸收到中央制定的政策中,继而在其他地方乃至全国范围推广。试点具有天然的探索性质,在实践层面需要有明确的政策导向和政策支持。从这个意义上说,试点正是作为政策的试点而出现和展开的。"政策"无疑是试点最为精炼和最为具体的表达,它把试点的外延限定在更易观察、更易理解、更易研究的范围内,以至于人们把试点直接看作"政策试点"的同义表达。

　　试点离不开政策,政策也离不开试点。试点的关键不在于"点"而在于"试",换句话说,试点特殊的政策管得了一时,管不了一世。试点的探索性实践不是把自身永久性地划分为特殊区域、特殊行业,而是为了突破更大范围内旧的体制机制、行为习惯的束缚。一般来说,政策试点有三种实施框架:决策型试点、比较型试点、适应型试点。在决策型试点的框架下,中央为了作出科学决策而主动赋权地方先行试点,通过试点为中央的全局性决策积累经验。这一框架更多适用于重点领域的改革,凸显了试点行为的实验功能,比如经济特区的试验、国家监察体制的改革试点。在比较型试点的框架下,中央首先明确改革的总体构想,继而鼓励不同区域进行差别化试点,然后在权衡各类试点方案优劣高下的基础上最终确定改革构想的实施方案。这一框架更多适用于探索性较强的改革,凸显了试点行为的比选功能,比如中央在重庆与上海实施的房产税改革试点,还比如中央鼓励不同区域就农村土地流转、集体经营性建设用地入市、宅基地制度改革开展差别化试点。在适应型试点的框架下，中央对地方率先开展的探索性试验保持宽容、默许、观察、学习的态度，鼓励一些有条件的地区先行先试，既保护地方改革的主动性，也增强中央的学习适应能力。这一框架更多适用于地方的主动改革，凸显了地方试验对中央决策的反哺功能，比如家庭联产承包责任制改革。

"政策"视野下的试点，深刻体现在中央和地方的积极良性互动当中。中国的改革开放是一个复杂漫长的历史进程，其中许多重大决策和重大措施的出台既需要中央层面的战略部署和统筹协调，也需要地方层面积极落实、大胆探索。对于试点也是这样，中央需要出台保护政策，以保证试点能够顺利推进，取得实效。

一方面，试点离不开国家政策，科学合理、张弛有度的国家政策是试点工作得以顺利推进的基本前提。第一，试点需要政策的引导，政策决定试点前进的航向。没有国家政策的引导，试点工作必将陷入各自为政的混乱中，国家利益、社会利益和人民利益等整体性利益就无从保证。第二，试点需要政策的支持，这是试点取得成功所不可或缺的条件。试点意味着试错，意味着操作者要为试点承担巨大的责任风险，政策支持是试点工作不断前进的助推剂，也是操作者的定心丸。第三，试点需要政策的调控。试点工作再急切、再重要，也要服从全国一盘棋的战略需求，国家必要时可以根据整体发展实际对试点作出调整，这也许会损害试点的进度和效果，但为的是局部和整体更加协调、相得益彰。有了国家政策的引导、支持和调控，试点工作才能走得稳、行得远。

另一方面，试点有利于国家政策的制定和执行。第一，试点为国家政策提供检验者，是检验国家政策的重要途径。试点不仅可以检验统一的国家政策，而且可以检验针对试点出台的特殊政策。第二，试点的特殊性便于试点政策的修改和调整。由于试点的情况特殊、范围较小，试点政策在实际运行中出现的问题容易得到暴露也容易得到解决，这可以为进一步出台涉及范围更广的试点政策积累经验。第三，试点最终有利于修改和制定国家政策。试点的目的是为了带动面上改革，因此试点政策一定程度上就是国家政策的打磨阶段和预备形态，也只有从这个角度去理解，政策试点的全部意义才能得到体现。

二、"道路"视野下的试点

"道路"视野下的试点，就是对以试点探索和开辟中国道路的历史意义加以把握，即在中国共产党的领导下，探索符合中国实际的发展道路，开辟具有中国特色的社会主义现代化道路。回顾历史，试点是探索、开辟中国革命道路和社会主义道路的一种重要方法。在革命时期，中国共产党领导人民通过试点开辟了符合中国实际的革命道路。在社会主义建设和改革时期，中国共产党带领人民通过试点探索建立了社会主义制度、开辟了中国特色社会主义道路。

试点探索开辟了中国革命道路，主要包括中国革命道路理论探索和实践探索。"农村包围城市、武装夺取政权"的革命道路是中国共产党在新民主主义革命的实践中逐步探索出来的，是在反对把共产国际决议和苏联经验神圣化的"左"倾教条主义的斗争中形成的，是中国共产党集体智慧的结晶。

一方面，试点丰富了中国革命的途径和方式。在新民主主义革命早期,党还不具备发起武装斗争的条件,主要是在城市发动工人阶级,领导工人运动。随着斗争的深入,尤其是1923年京汉铁路工人罢工的失败,使党更加深刻地认识到,要战胜反动派、夺取中国革命的胜利,就必须建立强有力的革命武装。大革命失败后,"城市中心论"的革命途径在内无民主、外无独立的半殖民地半封建的中国不断被证明是失败的。毛泽东在领导秋收起义攻打长沙受挫时,毅然率领起义部队向湘赣边界地区的井冈山进军,迈出了开创农村包围城市道路的第一步。这种探索中国革命道路的新尝试,不仅丰富了革命途径和方式,也丰富了革命理论,为中国革命的最终胜利扩展了实践路径、奠定了理论基础。

另一方面,试点壮大了中国革命的力量。在1928年根据地建立之初,共产国际就来信反对,要求中国共产党以城市为中心开展工作。共产国际重视城市、轻视农村,缘于他们从马克思主义文本和俄国革命经验出发看待中国革命,以及教条地理解马克思主义建党学说。毛泽东同志认为,中国革命要取得胜利,必须深入农村,教育和发动农民,开展土地革命,建立革命根据地和革命政权,使其成为革命力量发展的立足点和夺取全国革命胜利的出发点。实践证明,农村革命根据地的创立和发展,促进了全国各地工农武装割据局面的形成。到1930年上半年,全国共建立大小15块革命根据地,红军发展到约10万人,空前壮大了革命力量。

试点开辟了中国社会主义道路。新中国成立以后,由于没有现成的社会主义建设经验,中国在许多方面都或多或少受到苏联模式的影响,在一定程度上脱离了中国国情。社会主义改造完成以后，毛泽东突破苏联模式，带领中国共产党人和中国人民开始了对社会主义建设的可贵探索。在《论十大关系》中，毛泽东指出："中央和地方关系也是一个矛盾，解决这个矛盾，目前要注意的是，应当在巩固中央统一领导的前提下，扩大一点地方的权力，给地方更多的独立性，让地方办更多的事情。这对我们建设强大的社会主义国家比较有利，我们的国家这样大，人口这样多，情况这样复杂，有中央和地方两个积极性，比只有一个积极性好得多。我们不能像苏联那样，把什么都集中到中央，把地方卡得死死的，一点机动权也没有。"①

在中央的统一领导下，各地根据不同情况依靠人民不断探索出适合具体国情的发展道路，从而丰富了社会主义道路的内涵，拓展了社会主义道路的外延。从历史上看，作为"道路"的试点源于开辟社会主义道路的现实需要，是探索社会主义道路的重要方法和实现形式。

试点是完成新民主主义革命和社会主义革命的方法，也是探索社会主义建设的方法，它实现了中华民族从东亚病夫到站起来的伟大飞跃，证明了只有社会主义才能救中国；试点是推动改革开放的方法，也是中国共产党带领中国人民建设中国特色社会主义的方法，它实现了中华民族从站起来到富起来的伟大飞跃，证明了只有中国特色社会主义才能发展中国；试点是新时代中国共产党探索解决社会各领域深层次矛盾的方法，也是进行伟大斗争、建设伟大工程、推进伟大事业、实现伟大梦想的方法，迎来了中国民族从富起来到强起来的伟大飞跃，证

---

① 《毛泽东文集》第7卷，人民出版社，1996年，第31页。

明了只有坚持和发展中国特色社会主义才能实现中华民族伟大复兴。

三、"主义"视野下的试点

"主义"视野下的试点,就是在世界社会主义的宏观视野下认识中国特色社会主义的独特价值,把握中国特色社会主义的历史意义。改革开放的伟大实践和中国特色社会主义的巨大成就所显示出的重要意义不仅值得中国认真总结,而且对世界社会主义运动和第三世界国家发展具有重大参考价值。邓小平曾说:"我们的改革不仅在中国,而且在国际范围内也是一种试验,我们相信会成功。如果成功了可以对世界上的社会主义事业和不发达国家的发展提供某些经验。"①习近平总书记指出,中国特色社会主义道路,"不仅致力于中国自身发展,也强调对世界的责任和贡献;不仅造福中国人民,而且造福世界人民"。②

马克思的一大理论贡献就是批判改造了黑格尔的辩证法,在人类历史上第一次解决了理论与实践相结合的问题,创造了唯物史观。"哲学家们只是用不同的方式解释世界,而问题在于改造世界。"③马克思的这一论述清晰地表明新唯物主义之所以不同于旧唯物主义和唯心主义,正是因为它把唯物主义建立在实践的基础之上,使马克思主义有了理论与实践的双重属性。马克思主义的历史唯物主义原理,揭示了生产力决定生产关

---

① 《邓小平文选》第3卷,人民出版社,1993年,第135页。
② 《习近平谈治国理政》,外文出版社,2014年,第57页。
③ 《马克思恩格斯选集》第1卷,人民出版社,1972年,第19页。

系、经济基础决定上层建筑的人类社会发展规律，认为资本主义必然灭亡、共产主义社会必然取代资本主义社会是历史发展的趋势。马克思主义语境下的共产主义从一出场就具有理论和实践的双重意蕴，既是一种理想信念，也是一种现实运动。在《德意志意识形态》中，马克思和恩格斯明确指出："共产主义对我们来说不是应当确立的状况，不是现实应当与之相适应的理想。我们所称为共产主义的是那种消灭现实的运动。"①

共产主义运动是人类史上最伟大的运动，它不是在某位运动领袖的统一谋划和指挥下进行的，而是由不同地区、不同民族的广泛参与形成的历史性运动。共产主义没有统一的模型，也没有统一的制式。事实上，任何国家、任何形式的共产主义运动都是对人类未来理想社会的积极尝试，共产主义运动的发展也离不开众多国家的不断探索。中国共产党领导中国人民进行革命、建设、改革，从根本上讲既是世界社会主义运动的产物，也是世界社会主义运动的组成部分。

"主义"视野下的试点，就要坚持历史唯物主义的观点，自觉把中国特色社会主义放在世界社会主义历史潮流之中，自觉以马克思主义基本原理指导中国特色社会主义的伟大实践，自觉以当代中国的伟大社会变革发展马克思主义。习近平总书记强调："我们要坚持用马克思主义观察时代、解读时代、引领时代，用鲜活丰富的当代中国实践来推动马克思主义发展，用宽广视野吸收人类创造的一切优秀成果，坚持在改革中守正出新、不断超越自己，在开放中博采众长、不断完善自己，不断

---

① 《马克思恩格斯选集》第 1 卷，人民出版社，1972 年，第 40 页。

深化对共产党执政规律、社会主义建设规律、人类社会发展规律的认识,不断开辟当代中国马克思主义、21世纪马克思主义新境界。"①

中国革命和建设的历史尤其是改革开放40年来的历史,为"主义"视野下的试点提供了两个方面的支撑。一方面,中国让世界看到马克思主义依然占据着真理的制高点。马克思主义是科学、是真理,它深刻揭示了人类社会历史发展的规律,它的基本原理是正确的,具有强大的生命力。智慧之光不会因为时间久远而失色,经过实践检验更能显示穿越历史的巨大力量。马克思主义立足现实、批判现实,因而才能超越现实,开辟出一条扬弃资本主义、通往共产主义的现实道路。马克思主义与时俱进的品格是其始终占据真理制高点的内在机理。与时俱进不仅丝毫无损马克思主义的真理光芒,反而更有利于它立足实践、立足时代,不断获取蓬勃生机。改革开放40年来,中国共产党始终将马克思主义基本原理同中国实际、时代特征相结合,领导人民取得巨大发展成就,同时不断提出实践基础上的理论创新,不断开辟马克思主义中国化新境界,让马克思主义的真理之光在中国大地上熠熠闪耀。

另一方面,中国让世界看到马克思主义依旧占据着道义的制高点。马克思主义从诞生之日起就不仅仅是关于某个区域、某个民族、某个国家的理论主张,而是全世界无产阶级的科学理论和思想武器,是人类利益的理论代表。在中国,中国共产党同样站在道义的制高点上,她把为中国人民谋幸福、为中华

---

① 习近平:《在纪念马克思诞辰200周年大会上的讲话》,《人民日报》2018年5月5日。

民族谋复兴作为初心和使命，为了民族独立、人民解放和国家富强、人民幸福付出了巨大牺牲。共产党人除了全人类的共同利益之外，没有任何特殊的利益，因而具有强大的力量。这种力量是一种道义力量和道义的高度自觉。改革开放 40 年来，中国共产党不仅领导中国人民奋斗实现自身发展，同时积极推进人类和平与发展的崇高事业，进而提出了构建人类命运共同体的伟大设想。心底无私，胸怀天下，是对中国共产党人的真实写照，让世界从中国看到了马克思主义依然占据着道义的制高点。

从某种意义上说，中国建立社会主义制度和开创中国特色社会主义制度的伟大实践是世界社会主义运动的一种试验。马克思主义经典作家对社会主义作了充分有力的原则性论述，但没有也不可能对如何建立社会主义制度作出详细具体的规定和安排。不同国家建立社会主义的尝试为共产主义运动在制度层面提供了丰富的经验。社会主义改造的基本完成和社会主义制度在中国的建立为开创中国特色社会主义制度奠定了基础，并自然地将自身纳入到共产主义运动的探索历程之中。随着改革开放不断推进，中国特色社会主义制度不断发展完善，进一步深化了我们对于中国特色社会主义和共产主义的理解。正如习近平总书记所强调的，中国特色社会主义是科学社会主义理论逻辑和中国社会发展历史逻辑的辩证统一。

中国共产党的成就为人类社会发展进步提供了丰富且深刻的智慧支持和方案参考。世界社会主义运动是世界性的运动，是事关人类解放的运动。中国共产党是为中国人民谋幸福的党，也是为人类进步事业而奋斗的党。习近平总书记提出的构建人类命运共同体体现了为人类进步事业而奋斗的鲜明立场。构建人类命运共同体既是世界格局和全球视野下维护人类福祉的价值旨归,也是世界社会主义理论和实践的应有之义。中国的改革不仅关乎中国人民福祉,也关乎世界人民的命运。可以说,在事关人类命运的问题上,中国以开创性的试点姿态为构建人类命运共同体提供了中国方案和中国智慧,展示了马克思主义在当代的强大生命力。

四、"政党"视野下的试点

"政党"视野下的试点,就是把试点同政党逻辑统一起来,把试点同共产党执政规律统一起来,把试点同推进党的建设新的伟大工程统一起来,一以贯之地通过改革试点检验政党、塑造政党、历练政党、革新政党,把党建设得更加坚强有力。"政党"视野下试点的实质,是完善党的领导、推进党的建设,确保党在思想上先进纯洁、在行动上坚定有力。试点是党领导国家建设、推进国家治理、加强自身建设的重要方法,是逐步探索总结共产党执政规律、社会主义建设规律、人类社会发展规律的重要途径。

试点是中国共产党练好执政本领、更好治国理政的重要途径,是以党的自我革命来推动党领导人民进行社会革命的重要法宝。习近平总书记强调,勇于自我革命、从严管党治党是我们党最鲜明的品格,我们党必须以党的自我革命来推动党领导人民进行的伟大社会革命。自我革命是中国共产党的政治自觉,需要始终牢记只有勇于自我革命才能领导伟大社会革命,党的历史使命决定了党的自我革命能够而且有必要走在社会革命之前。

　　试点是党的自我革命的基本方法。以监察体制改革试点为例,其根本目的是要加强党对反腐败斗争的统一领导,把党执纪与国家执法有机贯通起来,把过去分散的行政监察、预防腐败以及检察机关的反贪、反渎力量整合起来。监察体制试点为党拓展治国理政新途径、丰富治国理政新手段、开辟治国理政新境界积累了丰富经验。这主要有三个方面。其一,提升和完善了党在凝聚思想共识方面的能力。长期以来,对于腐败问题,存在着"腐败必然论"和"反腐必败论"等杂音,把腐败原因归结于国家体制问题,或者认为中国反腐不可能成功。监察体制改革试点有利于从事实上凝聚思想共识,澄清认识误区。其二,提升和完善了党在机构整合方面的能力。监察体制改革是党和国家机构改革的探索实践和重要组成部分,是一项牵一发而动全身的系统性工程。监察体制改革试点,有利于检验党对于现行分散监督权力的整合能力,有利于党在机构设置上重新审查、重新调配、重新整合,是党和国家机构改革的有益探索。其三,提升和完善了党在利益协调方面的整合能力。一方面,监察体制改革势必加强党对于腐败问题的监管力度和追究力度,势必导致腐败分子及其受益者的疯狂反扑。在人民利益、国家利益、民族利益面前,监察体制改革彰显了党对于腐败问题的零容忍态度,是一种事关全局的战略抉择。另一方面,监察体制改革试点也将影响所涉及部门和人员的利益,出现内部的压力。这些考验着党的政治勇气,更考验着党的政治智慧。从这个意义上说,监察体制改革试点是在推进党和国家机构改革过程中对于加强和完善党的利益协调能力的有力探索。又比如，2015 年通过的《上海市开展进一步规范领导干部配偶、子女及其配偶经商办企业管理工作的意见》，成为上海史上最严的约束领导干部配偶子女经商行为的规定。2016 年，试点的范围扩大到北京、广东、重庆、新疆，此后全国各地在此基础上都出台了相应的规定，取得了良好效果。勇于自我革命，符合我们党的性质，符合马克思主义政党的要求，符合新时代党领导各项工作的现实需要。以试点推动党的自我革命，是新时代党加强自身建设的宝贵经验和有效途径，是领导人民进行伟大社会革命的现实考量和必然要求。

在中国共产党带领中国人民一路跋山涉水、披荆斩棘的奋斗历程中，试点是革命、建设、改革中的桥头堡、根据地。试点不断检验着我们党，塑造着我们党，历练着我们党，革新着我们党，使我们党在涉险滩、破坚冰、攻堡垒、拔城池时有据可守、有据可循，使我们党永葆政治本色、人民立场、时代特点、创新精神。试点是中国共产党重要的探索行为，是在革命、建设、改革当中形成和发展出的实践智慧。试点是中国共产党重要的政治抉择，是由共产党人的初心和使命孕育和催生出的气魄和担当。

第二节　善为试点：中国共产党与生俱来的战略优势

马克思主义、共产主义具有深刻的科学性和鲜明的实践性。中国共产党是以马克思主义武装起来的先进政党，以实现共产主义为最高理想。她领导的中国革命、建设、改革是世界社会主义运动的必然产物,也是具体探索,蕴含着深刻的试点意味。从理论和实践、历史和现实结合的特点上看,中国共产党具有进行试点的与生俱来的战略优势。

一、中国共产党谋划改革试点工作的战略优势

马克思认为:"主要的困难不是答案,而是问题。"① 共产主义从空想到科学的历史性飞跃标志着它的立足点是客观的而不是主观的,是具体的而不是抽象的。马克思恩格斯为对待共产主义奠定了问题导向基本态度,批判了空想共产主义和哲学共产主义,让共产主义从天国回归到了现实。空想社会主义那个"永恒真理""永恒正义"的理想王国不过是对资产阶级启蒙思想家们生活时代的抽象和幻想,只活在头脑之中而不具有任何的现实性。哲学共产主义是"从哲学家的头脑开始"的共产主义革命,它还没有离开哲学的阵地,没有从唯物史观的原则出发,没有从现实的市民社会当中去把共产主义看作是现实的人的历史和事业。马克思主义的共产主义的出场预示着它的全部基因和每个细胞都是从现实出发的,有着强烈的问题意识和问题导向。

坚持问题意识和问题导向不仅是马克思主义的根本要求,也是坚持和发展中国特色社会主义的内在需要。中国共产党治国理政的历史就是一部不断正视现实矛盾、回应现实诉求、解决现实问题的历史。毛泽东思想回答的是如何在中国这样一个经济文化落后的国家通过武装斗争夺取政权、进行社会主义革

---

① 《马克思恩格斯全集》第 1 卷,人民出版社,1995 年,第 203 页。

命、开展社会主义建设等问题。改革开放以来，适应实践发展需要、回应现实关切，不断丰富充实着的中国特色社会主义理论体系回答了什么是社会主义、怎样建设社会主义，建设什么样的党、怎样建设党，实现什么样的发展、怎样发展，坚持和发展什么样的中国特色社会主义、怎样坚持和发展中国特色社会主义等重大理论和实践问题，引领和指导党和国家事业不断开创新局面。习近平总书记强调："要有强烈的问题意识，以重大问题为导向，抓住关键问题进一步研究思考，着力推动解决我国发展面临的一系列突出矛盾和问题。我们中国共产党人干革命、搞建设、抓改革，从来都是为了解决中国的现实问题。"①

坚持问题意识和问题导向就抓住了马克思主义的实践本质，就回应了共产主义运动的现实要求。问题意识与问题导向是马克思主义理论和共产主义运动的历史基因，中国共产党是这个基因的继承者。坚持问题意识和问题导向为中国共产党推进改革试点增添了现实性和针对性，输送了丰厚的现实感和时代感。

二、中国共产党推进改革试点工作的战略优势

人是马克思主义的价值关怀和最终归宿。人的问题是人类社会历史发展进程中最直接、最现实、最重要、最根本的问题。如何对待人，如何解决人的问题是检验一个政党、一个政权性质的试金石。习近平总书记指出，人民立场是中国共产党

---

① 习近平：《关于〈中共中央全面深化改革若干重大问题的决定〉的说明》，《人民日报》2013年11月16日。

的根本立场，是马克思主义政党区别于其他政党的显著标志。马克思主义的历史使命，是让无产阶级和广大劳动人民脱离受奴役受压迫的状态，成为自己真正的主人。"完成这一解放世界的事业，是现代无产阶级的历史使命。"① 这个使命就是让人民群众摆脱自然界、物质、人类社会对自己的压迫，实现人的自由而全面的发展。这是马克思主义一以贯之的价值理想，也是共产主义运动不懈奋斗的追求目标。中国共产党之所以是马克思主义的忠实信仰者和坚定实践者，一个根本体现就是她在改革发展中始终坚持人民立场。

"以人民为中心"是新时代中国共产党坚持人民立场的生动表达。党的十九大报告指出："坚持以人民为中心。人民是历史的创造者，是决定党和国家前途命运的根本力量。必须坚持人民主体地位，坚持立党为公、执政为民，践行全心全意为人民服务的根本宗旨，把党的群众路线贯彻到治国理政全部活动之中，把人民对美好生活的向往作为奋斗目标，依靠人民创造历史伟业。"②中国共产党人的初心和使命，就是为中国人民谋幸福、为中华民族谋复兴，这决定了中国共产党始终把"以人民为中心"作为根本政治立场。"我们要随时随刻倾听人民呼声、回应人民期待，保证人民平等参与、平等发展权利，维护社会公平正义，在学有所教、劳有所得、病有所医、老有所养、住有所居上持续取得新进展，不断实现好、维护好、发展好最广大人民根本利益，使发展成果更多更公平惠及全体人

---

① 《马克思恩格斯选集》第 3 卷，人民出版社，1995 年，第 671 页。
② 习近平：《决胜全面建成小康社会 夺取新时代中国特色社会主义伟大胜利》，《人民日报》2017 年 10 月 28 日。

民，在经济社会不断发展的基础上，朝着共同富裕方向稳步前进。"①改革发展为了人民、依靠人民，改革发展成果由人民共享，是中国特色社会主义的本质要求，是坚持人民立场和"以人民为中心"的核心内容。

是否坚持人民立场和以人民为中心的发展思想，决定了改革发展能否顺利推进以及人民生活水平能否不断提高。妥善处理好改革发展稳定三者之间的关系，是以人民为中心的发展思想的内在规定。要把改革力度、发展速度和社会可承受的程度统一起来，在渐进性改革当中实现社会稳定和改革发展的有机统一。改革开放以来中国之所以能够取得如此辉煌的发展成就，很重要的一条就是坚持了以人民为中心的发展思想。只有坚持以人民为中心的发展思想并且通过渐进性改革才能妥善处理好改革发展稳定的关系。反观苏联，由于未能在建设中坚持以人民为中心，从而导致党和政府同人民离心离德、渐行渐远，在进行改革之前就已经积弊甚多；由于未能在改革中坚持以人民为中心，导致所谓改革者从一开始就陷入两条错误路径。第一，改革激情遮蔽了改革理性。那些改革者对西方政治制度的激情阻挡了他们对改革的理性思考，在所谓改革面前，人民根本不是被考虑的内容，结果导致在政治上放弃了执政党对改革全局的管控。第二，激进改革否定了渐进调整。激进的市场经济休克疗法瓦解了苏联共产党的经济基础和社会基础，抹杀了一切试图在出现重大问题时作出有效调整的可能性。人民的地位只有在反对共产党和提倡私有化时才被重视，结果导

---

① 《习近平谈治国理政》，外文出版社，2014年，第41页。

致在经济上走向崩溃，出现了无节制的通货膨胀以及80%生活在贫困线之下的人口。

历史和实践证明，坚持以人民为中心是中国共产党推行试点、推进改革的重要方法和先天优势。坚守这一点，就能不断有效完成改革试点任务、推广改革试点成果，就能确保党领导的改革开放和社会主义现代化建设事业始终保持正确方向。

三、中国共产党深化改革试点工作的战略优势

整体观点、系统思维、全局观念是马克思主义的重要理论特征，是马克思主义政党制定政策、推动实践的重要思想方法。从中国共产党指导思想的理论渊源来看，马克思主义唯物辩证法从根本上提出了整体观、全局观的战略要求。毛泽东同志曾说过："只有当着还没有出现大量明显的东西的时候，当桅杆顶刚刚露出的时候，就能看出这是要发展成为大量的普遍的东西，并能掌握住它，这才叫领导。"[①]学习好、掌握好、运用好马克思主义的整体观、全局观，树立系统思维，是中国共产党治国理政的科学方法和有力武器。

改革开放作为党领导人民进行的新的伟大革命，从一开始就是一场整体性、系统性、全局性工程。系统思维是中国共产党领导改革开放又一先天优势和方法遵循，能够对改革开放形成更为全面深刻的认识。树立系统思维在改革开放初期非常重要，在全面深化改革的今天更加重要。"不谋全局者，不足谋一域。"习近平总书记指出："坚持从大局出发考虑问题。全面深

[①]《毛泽东文集》第3卷，人民出版社，1996年，第394页。

化改革是关系党和国家事业发展全局的重大战略部署,不是某个领域某个方面的单项改革。"①坚持系统思维,要求谋划改革发展不能只顾眼前利益和局部利益,而要全面地观察事物,注重处理好各种重大关系,加强顶层设计和战略谋划。十八大以来,党中央提出的五位一体总体布局、四个全面战略布局,正是坚持系统思维的具体体现。

坚持系统思维,对全面深化改革,也对试点工作提出了新要求。要求把全面深化改革纳入中国特色社会主义事业发展的总体布局中,把试点工作纳入全面深化改革的总体部署中。正所谓"立治有体,施治有序"。习近平总书记指出:"全面深化改革,全面者,就是要统筹推进各个领域改革,就需要有管总的目标,也要回答推进各领域改革最终是为了什么、要取得什么样的整体结果这个问题。"②

坚持系统思维,还要求为全面深化改革和试点工作画好坐标系、选好参照系,确保其方向不偏离,效果不背离。中国改革与发展的坐标系就是中国特色社会主义,全面深化改革和试点工作的坐标系就是有利于坚持和发展中国特色社会主义。选好参照系,在横向上应该参照国内国外两个大局,既吸取国内试点经验,也借鉴国外改革经验。在纵向上应该参照前后两个发展阶段,既要朝前看,在朝向目标前进的过程中不断调校航向线路;又要积极向后看,在更为宏观的视野中做好总结梳理

---

① 习近平:《关于〈中共中央全面深化改革若干重大问题的决定〉的说明》,《人民日报》2013年11月16日。
② 习近平:《完善和发展中国特色社会主义制度 推进国家治理体系和治理能力现代化》,《人民日报》2014年2月18日。

工作，及时审慎地把普遍经验上升为科学理论和一般规律，更好地指导新的实践。

第三节　何以试点：试点的必然性和必要性

环顾当今世界，试点作为推进国家改革、改善国家治理、促进经济社会发展、维护社会秩序的重要方法，被广为接受和采用。事实表明，就试点与改革的关系而言，试点是探索改革路径、化解改革风险、降低改革成本、提高改革效率的重要手段。在当今世界，中国共产党领导的改革发展及其试点具有高度的特殊性。中国的国情实际和历史传统，决定了试点的必然性和必要性。

一、试点与国家规模

中国是一个幅员辽阔、人口众多的超大规模国家，治理任务极其繁重、治理难度罕有其匹。中国先哲老子曾有过"治大国若烹小鲜"的说法，但那更多只是农业时代的一种理想状态。两千多年前，中国就形成了大一统的中央集权历史传统，形成了一种混合型的政治共同体。治理这样一个国家，需要中国领导者具有高超的政治技艺和政治智慧，以应对因规模大、元素多而带来的国家稳定、社会平衡等各种问题。数千年的治理实践和历史积淀为中国共产党治国理政积累了丰富的治理经验和历史智慧。而试点正是这种经验和智慧的集中体现，试点是超大规模国家推行改革的必然选择和必要形式，没有经过试点的改革风险和成本往往是难以承受的，也难以取得成功。以北魏孝文帝推行的均田制改革为例，也经历了由局部试点到全国施行的过程。史书记载，从孝文帝改革开始到宣武帝初年，均田制逐步扩大到北镇地区。到了西魏时，西魏统治区域内的农业生产则完全在均田制之下进行。同样，北宋王安石变法中，所行农田水利、青苗、均输、保甲、免役、市役、保马诸法都是在其主政鄞县（今宁波境）期间试点取得良效之后才推广至全国的。至于王安石变法的结果如何及其后世评价，那是两回事了。

总结历史经验，国家规模对改革及其试点，至少提出了两条要求。第一，它要求改革试点需要自上而下的秩序。当代中国的改革开放本质上是一场渐进性改革，是从农村到城市、从沿海到内陆、从经济领域到政治社会文化等各领域、从局部性问题到全局性问题依次而展开的。试点是这场改革采用的一般方式，通常采取先试验后推广的做法，通过试错成本分散化来减少由于信息不充分带来的不确定性，从而减少改革的风险。自上而下的秩序，是改革不断取得成功的基本条件。没有稳定的秩序，就没有发展；没有稳定的秩序，改革就无法顺利进行。自上而下的秩序有效化解甚至避免了改革中可能遇到的阻力和风险，从而使中国改革在稳定的局面下一步步推进。

第二，它决定了改革试点需要自下而上的差异。国家大、情况复杂，干事不能简单地搞一刀切。搞试点也要根据实际需要，允许采取不同的方式，需要有自下而上的差异。一方面，试点的差异性需要得到国家的理解、支持和保护。以上世纪80年代上海的土地批租试点为例，事先并没有现成的国内案例和经验,仅有的深圳土地使用权拍卖也只面向国内,因此上海高规格、法制化、规范化、面向世界的土地批租试点的影响力、冲击力是空前的。得益于中央和有关部门的坚定支持,这一上海首例面向外资的土地国际招标获得了成功,在国内外引起巨大轰动。这也为日后上海乃至全国开展土地批租开创了一条与国际惯例、通行规则接轨的法制化、规范化路径,在中国城市土地使用制度改革的历程中具有里程碑意义。另一方面,试点取得的成效、积累的经验需要积极提取加以升华,以发挥试点的带动作用。2015年2月,中央深改组审议通过了《上海市开展进一步规范领导干部配偶、子女及其配偶经商办企业管理工作的意见》,并于同年5月正式实施。这标志着上海市成为规范干部配偶子女经商的试点。在实施过程中,上海市在细化规范程序、明确操作依据的同时,注重对重要岗位、重点干部开展重点规范和监督,职位越高、权力越大的,对其的要求和管理越严。在上海试点取得一定效果之后,2016年4月中央深改组第二十三次会议又将试点范围扩大到北京、广东、重庆、新疆,此后全国其他省份也陆续出台了相关文件。显然,自下而上的差异保持了试点的主动性,增强了改革的活力。

十九大报告指出:"中国共产党从成立之日起,既是中国先进文化的积极引领者和践行者,又是中华传统文化的忠实传承者和弘扬者。"①博大精深的中华文化,是一座取之不尽的精神宝库,中国共产党从中继承和汲取了丰富的治理经验,包括改

---

① 习近平:《决胜全面建成小康社会 夺取新时代中国特色社会主义伟大胜利》,《人民日报》2017年10月28日。

革及其试点的历史基因。无论在革命、建设还是改革时期，重要改革都先经过试点再层层推进、逐步展开，中国共产党把试点作为治国理政的方法论具有深厚的历史基础。

二、试点与政党制度

中国的政党制度有别于世界其他国家的两党或多党竞争制和其他一党制，具有独特优势和强大生命力，这在改革及其试点中日益得到彰显。在长时间、高密度改革的背景下，中国共产党作为执政党主导改革试点，既保持了强大的纠错纠偏能力，又保证了改革试点成果的延续性。就政党制度和改革试点的关系而言，中国政党制度的优越性主要体现在三个方面。

第一，中国共产党领导的多党合作和政治协商制度是作出改革试点科学决策的重要保障。中国的政党制度具有强大的整合能力和科学决策能力。强大的整合能力是超大规模国家进行治理所不可缺少的。中国的政党制度通过把中国共产党和民主党派、无党派人士整合起来，把各个界别、各个团体整合起来，形成了推进国家现代化、实现中华民族伟大复兴的重要制度力量，避免了现代化进程中因社会利益分化而造成的种种冲突和撕裂。人民政协是社会主义协商民主的重要渠道和专门协商机构，是科学决策的重要贡献者。2018年3月，汪洋在全国政协十三届一次会议闭幕会上讲到，要善于调查研究，充分发挥政协人才智力优势，在调研的广度和深度上下功夫，搞清协商议题的情况、成因、对策，使自己具有参与协商的发言权。政协不是权力机关，参政不行政、建言不决策、监督不强制，主要通过协商发挥作用。这种作用不是靠说了算，而是靠说得对。谋划试点需要科学决策的支持,推进、推广试点同样需要科学决策的支持。中国的政党制度依靠协商民主扩大参与主体、凝聚广泛共识、形成科学决策,从而在制度上保证了试点的政策制定和执行更加科学有效。

第二,中国共产党长期执政是保证改革试点政策有效执行的重要条件。实践证明,执政党较长时间执政有利于保证试点持续推进、改革持续进行;政治频繁更换,政权无序更替,政局动荡不已,治理难以有效,改革难以成功。以新加坡为例,自1968年以来,新加坡人民行动党连续赢得大选,长期掌握国家政权,领导新加坡不断推进改革,实现全面飞跃。反观美国,特朗普上台以来,反复无常,已经陆续推翻奥巴马政府医改、气候等多项改革政策,致使很多社会问题无法解决。中国古代改革也有类似现象,比如春秋战国时代的秦国,虽然在秦献公之前秦简公就已经试行了"初禾租"的土地改革,但最终因为贵族反对而无奈作罢,直到献公时期才得以继续进行。在当代中国,中国共产党长期执政,极大地降低了试点中断的风险,大幅节约了改革的成本。进一步看,搞好改革试点,推进改革发展,既需要科学决策,也需要有效执行。没有科学决策,改革试点就会失去立场,就会迷失方向;没有有效执行,就会沦为空谈。中国共产党长期执政,恰恰可以把科学决策和有效执行很好地结合起来。

第三,中国共产党作为唯一执政党是对改革试点纠错纠偏的重要基础。中国共产党是推进中国国家治理的重要主体,其执政能力与国家能力具有高度的同构性。凡在改革试点中与党的宗旨不相符、与中国特色社会主义制度相违背、与人民利益不相容的内容，都可以在中国共产党领导下，在统筹协调中有效纠正。中国共产党在改革试点工作中发挥纠错纠偏作用有两个优势。一是中国共产党谋划改革试点具有鲜明的目标导向和价值追求，为纠错纠偏提供了参考坐标。二是中国共产党作为唯一执政党在推进改革试点中具有强大的调校能力，为纠错纠偏提供了现实可能。

三、试点与社会体制

中国是后发现代国家，社会体制还处在不够成熟定型，不断发展完善之中，同时中国的社会体制相对于西方国家存在着巨大的差异。这意味着中国既拥有更深刻、更强烈、更迫切的改革诉求，又拥有广阔的改革空间，毫无疑问，未完全定型的社会体制减少了改革试点的羁绊和阻力。而改革试点将不断推进中国社会体制的成熟和定型。

一方面，未完全定型的社会体制要求推进改革试点。世界上没有十全十美的国家，也没有完美到不需要任何改革的社会体制。西方社会和中国一样，都需以改革促发展，修补既有框架下的社会体制缺陷。从历史上看，近代以来，中国的社会体制，始终处于变化和变动当中，尚未形成现代意义上的社会体制。而西方则在其近代国家建立之初就发展出了相对稳定的一套体制，包括社会体制，此后未有大变一直沿用至今。新中国的成立开启了探索构建现代社会制度的进程，改革开放推动和加快了这一进程，改革试点成为中国社会体制构建和定型的重要途径和可靠手段。

另一方面，中国不平衡的发展格局要求推进改革试点。经过新中国成立以来，特别是改革开放以来的不懈努力，我国发展取得巨大成就，人民生活不断改善，但发展不平衡问题仍然很突出。发展不平衡是对当前我国社会状况的真实写照，包括经济与社会发展不平衡，经济发展与资源、环境生态不平衡，区域发展不平衡，城乡发展不平衡。要解决发展不平衡问题，必须大力推进各方面体制改革。这其中的一个重要方面，就是坚持五大发展理念，尤其是绿色、共享的发展理念。坚持绿色发展理念，才能发展绿色经济，倡导绿色消费，建设生态文明。坚持共享发展，才能使改革发展的成果更多地惠及全体人民，让人民有更多的获得感。解决发展不平衡问题意味着改革任务的艰巨性，意味着社会体制改革的紧迫性，意味着更好处理改革力度、发展速度和社会可承受的程度三者之间的关系。因此，试点既是解决中国发展不平衡问题的必要手段，也是妥善处理改革发展稳定的必然要求。

改革开放40年来，由试点推动的经济、政治、文化、教育等体制改革仍在进行，更加完善、日趋成熟的社会体制正在形成。试点进行与社会体制定型过程高度契合。

综上，试点成为中国共产党治国理政的战略优势不是偶然的，而是有着国家、政党、社会等方面的深层次原因，有其深刻的历史必然性。超大的国家规模对试点提出了现实需求，特殊的政党制度保证了试点的延续性，正在形成的社会体制为试点积蓄了后发优势。试点在改革全局中、在现代化进程中的作用和意义，必将随着时间推移而更加显现。

第四节　如何试点：试点的运行和基本方法

试点是改革的重要任务，更是改革的重要方法。这一论述深刻体现了目的与手段的有机统一。试点是改革的重要方法，它本身也需要正确的方法，这样才能有效推进、顺利进行。古今中外所推行的改革试点数不胜数，但真正取得成效、获得推广的并不在多数，也不是轻轻松松就能实现的。成功的试点是科学决策、正确方法和有效推进的有机结合，体现了事物发展的一般规律，是一种重要的领导方法。历史和实践证明，改革试点要取得成功，离不开领导力量、领导方法、领导艺术、体制机制、思想文化等要素的支持。缺少这些要素，试点就有可能中断，改革就有可能停滞，发展也无从谈起。当代中国的改革，之所以取得重大成功，就与这些要素的有力支撑密不可分。

一、领导力量

在施行试点、推进改革的进程中，领导力量至关重要，乃至是首要因素。有了领导力量，改革试点才能有"魂"有"势"；没有领导力量，改革试点就会失去主心骨，失去主动权。检索中国历史上的各种改革，成功的无不源于领导力量的强大；失败的往往因为领导力量软弱或残缺。国外的情况，也大抵如此。美国在20世纪60年代肯尼迪-约翰逊时期之后曾经掀起一波改革浪潮，并为此先行取得显著成效。这背后都有政府力量的支持。除了政府这种显性领导力量，还有一种隐性领导力量，这就是民主党的倡导推动和支持。民主党提出改革的口号，有效衔接了自由主义和左翼政治力量，建立起二者的改革联盟。没有这两股力量，当时美国改革试点的推进及其成功都是难以想象的。

当代中国的改革试点，一个显著特点就是得到了党中央的大力支持，有中国共产党的领导力量。在领导力量问题上，中国相比于其他国家就是突出党中央权威。突出党中央权威和领袖权威的核心要义是加强顶层设计、统筹全局。作为改革试点的顶层设计早已有之，但在政策层面被提出始于中央关于"十二五"规划的建议。近些年来，习近平总书记就加强顶层设计作了一系列战略性思考和系统性阐释。"顶层设计"已经日益成为做好试点工作、推进改革发展的重要手段。

加强顶层设计，就是强化中央和国家层面对改革试点工作的整体谋划和战略分析，既冲破改革中的思想障碍，也打破利益固化的藩篱；就是在中央和国家层面提出解决改革发展问题的整体思路和框架，以此作为具体改革的遵循和依据；就是把试点同全局性改革统一起来，确保全国上下一盘棋，确保国家改革发展战略的系统性、整体性、协调性。习近平总书记多次强调："要牢固树立改革全局观，顶层设计要立足全局，大胆探索，积极作为，发挥好试点对全局性改革的示范、突破、带动作用。""改革试点要注意同中央确定的大的发展战略紧密结合起来，为国家战略实施创造良好条件。"[①]随着形势任务的发展变化，顶层设计对于确保改革试点工作顺利推进所发挥的作用

---

① 习近平：《树立改革全局观 积极探索实践发挥改革试点示范突破带动作用》，《人民日报》2015年6月5日。

越来越明显。

顶层设计的突出作用,可以从上海自贸区试点中看出来。五年来,上海自贸区改革试点取得巨大成绩,逐步"确立了以负面清单管理为核心的投资管理制度,形成与国际通行规则一致的市场准入方式;确立了符合高标准贸易便利化规则的贸易监管联动制度;确立了更加开放环境和有效防范风险的金融创新制度,形成与上海金融中心建设的联动机制;确立了以规范市场主体行为为重点的事后监管制度,形成透明高效的准入后全过程监管体制"。①2014年3月新设企业数量有7700余家,到2018年3月已经超过5.2万家。上海自贸区试点之所以能够取得一系列成果,有赖于习近平总书记的关怀、重视和直接推动,得益于各方面始终按照习近平总书记的指示要求和中央决策部署抓落实。近年进行的监察体制改革试点,之所以能够在较短时间内取得成效,重视顶层设计功不可没。习近平总书记指出:"在党中央领导下,中央纪委牵头抓总⋯⋯中央试点工作领导小组要加强指导、协调和服务。"② 可以说,中央权威和领袖权威为改革试点工作的有序开展和推进提供了顶层支撑,牢牢把握着改革试点的前进航向,深刻体现了改革试点的精神旨归。

二、领导方法

方法是过河的桥和船。推进改革试点要有坚强有力的领导

---

① 高渊、王志彦:《"自贸试验田"引来全新改革共振——上海贯彻落实总书记指示、努力实现"四个新作为"纪实(一)》,《解放日报》2017年10月12日。
②《中国共产党第十八届中央纪律检查委员会第七次全体会议公报》,《人民日报》2017年1月9日。

力量，也需要科学有效的领导方法。所谓科学有效，就是符合客观实际，能够解决实际问题，最终达到预期目的。中国在推行改革试点的过程中，探索出一套科学有效的领导方法，这套领导方法内容与形式非常丰富，其中一个重要方法，就是"小组政治"。从实践看，小组政治的重要指向是坚持党中央权威和集中统一领导，精神实质是民主集中制。参与人员的广泛性和民主集中制的组织原则保证了小组政治在谋划改革试点中的科学性和稳妥性，跨部门、跨行业的强大统筹协调能力保证了小组政治在推进改革试点中的速度和力度。

"小组"是为专项任务设立的议事协调机构。它名为"小组"，但层次很高。就具体形式而言，小组主要分为"领导小组"和"委员会"两种。前者可以追溯到1958年中共中央发出《关于成立财经、政法、外事、科学、文教小组的通知》。改革开放以后，中央先后成立了中央对台工作领导小组（1979）、中央财政经济领导小组（1980）、中央外事工作领导小组（1981）、中央和国家机关机构改革领导小组（1983）、中央干部教育领导小组（1984）、中央机关端正党风领导小组（1986）、中央党的建设工作小组（1988），等等。党的十八届三中全会以来，着眼于全面深化改革，又相继成立了中央全面深化改革领导小组、中央深化国家监察体制改革试点工作领导小组、中央维护稳定工作领导小组、中央财经领导小组、中央农村工作领导小组、中央外事工作领导小组、中央网络安全和信息化领导小组等。

"小组政治"的一个重要特点，是任务导向、问题导向。为了完成肩负任务、解决相关问题，往往实行归口管理。具有不同职能的小组都直接归口管理负责不同领域的试点工作。比如，中央全面深化改革领导小组负责全面改革工作；中央深化国家监察体制改革试点工作领导小组负责对国家监察体制改革试点工作进行指导、协调和服务；中央财经领导小组负责经济工作等。从实际效果看，"小组政治"是打破不同地区壁垒、部门壁垒和行业壁垒的有效制度创设，是中国共产党领导试点工作的重要方法。一般认为，领导小组在中国党政组织体系中发挥议事协调的职能，因此在特征上表现出协调性和临时性。①

着眼于党和国家事业发展全局，为深入推进国家治理体系和治理能力现代化，党的十九届三中全会审议通过了《中共中央关于深化党和国家机构改革的决定》和《深化党和国家机构改革方案》，其中决定组建国家监察委员会、中央全面依法治国委员会、中央审计委员会，中央全面深化改革领导小组、中央网络安全和信息化领导小组、中央财经领导小组、中央外事工作领导小组改组为委员会。这意味着改革试点领导方式出现了新变化，小组政治进入领导"小组"和"委员会"并存的时期。习近平总书记在中央全面深化改革委员会第一次会议上强调："深化党和国家机构改革全面启动，标志着全面深化改革进入了一个新阶段。"②同时，这对改革试点工作意味着领导方法有了新变化，进入了小组政治和委员会政治并行的时代。

小组与委员会既有联系，又有区别。一方面，两者都是在党集中统一领导下开展工作的重要主体，都体现了党在处理各

---

① 周望：《中国"小组机制"研究》，天津人民出版社，2010年，第2、3页。
② 习近平：《加强和改善党对全面深化改革统筹领导 紧密结合深化机构改革推动改革工作》，《人民日报》2018年3月29日。

种事务中的领导地位。另一方面，委员会是小组日益健全和不断提升的结果。在管理组织建制上从阶段性、非实体性的议事协调机构走向成建制的固定组织，职能更加全面、机构更加完整、运行更加稳定、组织更加健全。① 委员会是健全党对重大工作领导体制机制的重要举措，更有利于从顶层设计的体制机制上推进全面深化改革，更有利于从中央和国家层面加强试点同系统的统一性。

在中国，许多重大改革都不可能一蹴而就，而需要通过试点不断检验、调试之后才能全面施行、有效落实。推进改革的过程就是从"先试先行"到"由点到面"的过程，而几乎所有的试点活动在进行之前都要"搭班子"，成立相应的"小组"来领导和完成工作。小组和委员会保障了政治体制中各项要素可以更加容易地被统一、有序地组织运转起来，具有高度的执行效率和制度弹性，是党领导改革试点工作的科学有效方法。

三、容错纠偏机制

改革不会一帆风顺，试点也不会全都成功。改革试点永远与风险挑战并行，推进改革试点工作，既要增强责任感和使命感，也要着力减轻试点风险承担者和执行者的思想负担，免除他们的后顾之忧。一方面，实行试点需要一个相对宽松的环境，针对试点可能失败的风险建立容错机制。另一方面，推进试点需要一个坚定的目标，针对试点可能跑偏走形建立纠正机制。以强大的政党能力和国家能力为前提，建立容错机制与纠

---

① 详参胡敏：《从"领导小组"到"委员会"：全面深化改革进入新阶段》，http://theory.people.com.cn/n1/2018/0329/c40531-29895329.html。

偏机制,是中国共产党推进改革试点的重要方法。

  试点容错机制是中国共产党自觉的改革智慧,体现了她非凡的改革气魄和包容性。试点的实质是试错。容错机制是改革试点必要的内在机制,开展试点与允许试错、宽容失败的精神指向高度一致。改革开放初期,邓小平同志就说过,"看准了的,就大胆地试、大胆地闯""不冒点风险,办什么事情都有百分之百的把握,万无一失,谁敢说这样的话?"[①] 试点的目的是最终带动面上的改革,改革过程中领导干部惧怕风险、不愿担责、不敢创新的情况势必会导致试点工作停滞不前、改革进程难有突破,不仅与试点的目标相违背,还会贻误时机。因此,邓小平同志强调:"要克服一个怕字,要有勇气。"[②]正是由于改革开放以来逐步完善的容错机制和对待试点失误的包容态度,那些敢作敢为、勇于担当的改革者才有了大显身手、施展才华的良好环境。从这个意义上说,整个改革开放的过程就是敢于试错、包容试错的过程,容错机制在很大程度上保护和调动了各方面实行试点、推进改革的积极性、主动性、创造性。

  "深圳模式"是改革试点容错机制的生动体现,是容错机制下"敢闯敢试、敢为人先"的鲜活案例。深圳经济特区从无到有,挑战的是旧体制、旧思维、旧习惯。有了容错机制,才有了勇气和行动,才有了深圳良好的发展局面,才有了弥足珍贵的深圳经验。深圳还积极探索建立健全容错机制,2006年推出的《深圳经济特区改革创新促进条例》,是全国首个法律层面的容

---

① 《邓小平文选》第3卷,人民出版社,1993年,第372页。
② 《邓小平文选》第3卷,人民出版社,1993年,第367页。

错条例，为此后其他地方出台相关办法提供了重要借鉴。

今天，我国改革进入新的阶段，依然面临诸多风险和考验。正如习近平总书记所说："中国改革经过 30 多年，已进入深水区，可以说，容易的、皆大欢喜的改革已经完成了，好吃的肉都吃掉了，剩下的都是难啃的硬骨头。"①改革就是革故鼎新、推陈出新，需要进一步发挥好试点的作用，为此就应当允许在更大程度上突破各种思想观念阻碍和体制机制弊端。以最大的改革诚意完善优化容错机制，为改革者保驾护航。十八大以来，党和国家对建立健全改革试点工作的容错机制高度重视并采取了一系列举措。十八届六中全会通过的《关于新形势下党内政治生活的若干准则》中明确规定："建立容错纠错机制，宽容干部在工作中特别是改革创新中的失误。"习近平总书记在说明中强调："要把干部在推进改革过程中因缺乏经验、先行先试出现的失误和错误，同明知故犯的违纪违法行为区分开来；把上级尚无明确限制的探索性试验中的失误和错误，同上级明令禁止后依然我行我素的违纪违法行为区分开来；把为推动发展的无意过失，同为谋取私利的违纪违法行为区分开来，保护那些作风正派又敢作敢为、锐意进取的干部，最大限度调动广大干部的积极性、主动性、创造性，激励他们更好带领群众干事创业，确保如期全面建成小康社会，不断开创社会主义现代化建设新局面。"②

十八届三中全会以来，各地与容错机制有关的文件陆续出

---

① 杜尚泽、陈效卫：《习近平接受俄罗斯电台专访》，《人民日报》2014 年 2 月 9 日。
② 习近平：《在省部级主要领导干部学习贯彻党的十八届五中全会精神专题研讨班上的讲话》，《人民日报》2016 年 5 月 10 日。

台。比如，2016年3月，江西省纪委、省委组织部下发《关于支持、保护和激励党员干部改革创新、担当有为的意见》；2016年6月，四川省委、省政府两办印发《关于充分调动干部积极性激励改革创新干事创业的意见（试行）》等等。各地不同层级也专门出台了各类办法，党政干部容错免责机制在全国范围内初步建立起来。

习近平总书记三个"区分开来"的提出，各地各类容错办法的出台，进一步规范了容错机制的适用情况，优化了勇于试错、大胆创新的试点环境。2018年5月，中共中央办公厅又印发了《关于进一步激励广大干部新时代新担当新作为的意见》，明确指出要"切实为敢于担当的干部撑腰鼓劲"，坚持有错必纠、有过必改，对苗头性、倾向性问题早发现早纠正，对失误错误及时采取补救措施，帮助干部汲取教训、改进提高，让他们放下包袱、轻装上阵。严肃查处诬告陷害行为，及时为受到不实反映的干部澄清正名、消除顾虑，引导干部争当改革的促进派、实干家，专心致志为党和人民干事创业、建功立业。

纠偏机制是中国共产党领导改革试点工作的重要保障机制，与政党制度高度相关。在改革试点中，部分领导干部片面追求政绩，大局意识淡漠，把改革试点置于地方发展之下，以致偏离目标的行为现象时有发生。有些试点给自己戴上"改革"的标签，表面上风风光光、轰轰烈烈，实际上可能收效甚微甚至有害。有些试点靠强制命令推行，结果违背了民意、伤害了民心。有的试点仓促上马、盲目推进，结果浪费大量人力物力财力。纠偏"不是追究责任，而是当偏差、失误初见端倪时，及时纠偏纠错，避免错误放任扩大，造成更大的损失"。①纠偏机制彰显了中国共产党人在试点工作中勇于直面错误的巨大勇气和坚定不移的改革目标。习近平总书记指出："部署改革试点要目的明确，做到可复制可推广，不要引导到发帽子、争政策、要资金、搞项目的方向上。"②

早在新中国成立之前，中国共产党就已经在解放区改革中有过纠错机制的尝试，及时纠正了土地改革当中的乱象。改革开放以来，许多部门在试点运行中难免出现偏差，促使党和国家进一步建立健全纠偏机制。比如，对于国企改革中出现的具有倾向性、苗头性的问题和弊端，中央明确指出"要吸取过去国企改革经验和教训，不能在一片改革声浪中把国有资产变成牟取暴利的机会"。③《中共中央国务院关于深化国有企业改革的指导意见》中明确指出国企"混改"要从实际出发，"坚持因地施策、因业施策、因企施策，宜独则独、宜控则控、宜参则参，不搞拉郎配，不搞全覆盖，不设时间表，成熟一个推进一个"。④

试点既可能出经验，也可能出教训。容错机制和纠偏机制蕴含着马克思主义哲学智慧，其目的就是要探索改革的实现路径和实现形式，就是要总结经验、汲取教训，让试点发挥应有

---

① 贺海峰：《宽严相济构建改革的"容错机制"》，《学习时报》2016年5月9日。
② 习近平：《深入扎实抓好改革落实工作 盯着抓反复抓直到抓出成效》，《人民日报》2016年2月24日。
③ 习近平：《不能在一片改革声浪中把国有资产变成牟取暴利的机会》，http://www.xinhuanet.com/politics/2014-03/09/c_119679886.htm。
④《中共中央国务院关于深化国有企业改革的指导意见》，《人民日报》2015年9月14日。

作用。注重建立健全容错机制和纠偏机制，是中国共产党人依靠政党能力、明确试点目标、坚定改革方向、宽容改革试错、服务改革全局的重要经验，必将贯穿未来改革全过程。

四、领导艺术

进行任何一项宏大复杂的事业，都需要领导者具有领导艺术。进行改革试点，当然也是这样。领导艺术是领导能力和领导方法的集中体现。中国共产党在领导改革试点工作中展现出高超的领导艺术，突出表现为两个方面：一是强调框架规范，二是突出政策。这样的领导艺术，保证了各个方面敢闯敢试、能放能收，改革试点工作职责明确、张弛有度。

强调框架规范可以说是中国共产党在领导试点工作中最重要的领导艺术。一方面，框架规范意味着价值导向，为试点工作树立明确的价值追求。从历史上看，改革开放前的改革试点，在形式上偏重"自上而下"，在具体途径上主要分意识形态需要、树立典型、舆论宣传、组织动员、全面展开五个步骤。局部的试点能不能够推行，效果是一方面，但更重要的是判断它符不符合党和国家的价值追求、符不符合主流意识形态的规范要求。新中国成立后的土地改革运动中，各地都首先在不同程度上开展和完成了试点工作。开展这些试点，不仅是为了取得经验，而且是运动本身所蕴含的价值要求使然。在农业合作化运动中，毛泽东亲自从全国各地的试点案例中选辑了176份材料，并为其中104篇作了按语，编辑出版了《中国农村的社会主义高潮》一书。农业合作化的试点之所以能够迅速得到推广，就是因为试点案例符合过渡时期总路线的要求和建设社会主义集体经济的意识形态要求。另一方面，框架规范为改革试点划定了运作边界，限定了"先行先试"的运作范围和底线。改革试点要突破困境、打破僵局，但并不意味着为了达到这一点就可以随心所欲、不受限制。新中国成立后，中国开始由新民主主义转变为社会主义，"社会主义"在根本上为以后的改革试点划定了制度边界。一切试点工作都要在边界内运作，一旦超出这个边界就注定要失败。围绕改革的话题，邓小平既讲到"大胆地闯、大胆地试"，也讲到改革始终要在"四项基本原则"的边界之内进行。

中国共产党在改革试点中强调框架规范，为改革试点树立了价值导向。依托强大把控能力和组织能力，通过树立典型做出示范等，又可以将这种价值规范迅速地加以扩散。而通过框架规范为改革试点划定运作边界，能够保证试点始终处于与意识形态、价值规范相适应的范围之内，保证改革试点不变色、不变形、不走样。

中国共产党在领导试点工作中的又一领导艺术就是突出政策留白。所谓政策留白，即在改革试点中给试点留下足够的自主发挥的空间，在不违反国家法律法规的情况下尊重试点的自主权。政策留白主要表现为在"全国一盘棋"的总体要求之下，允许各地差别化探索。改革试点要取得成效，就必须保证试点的创新活力，没有创新活力，改革试点成效就无从谈起。政策留白为改革试点提供了较为宽松的环境，是改革试点工作取得成功的重要条件。

试点不是为某一地区的发展探索特殊模式，而是要在坚持"全国一盘棋"的前提下，在同中央确定的大的发展战略紧密结合的情况下,根据自身特点,进行先试先行,探索总结出可复制可推广的经验。仍以深圳和上海自贸区为例。当时为了促进深圳经济特区和上海自贸区的发展,中央和国家层面,赋予它们必要的地方权。这实际上就是一种政策留白。1992年7月,全国人大常委会授予深圳市人民代表大会及其常务委员会、市政府制定地方法规和规章的权力。深圳市把握时机,利用这些法规所包含的政策留白为深圳发展争取了宝贵机遇,为中国特色社会主义建设积累了宝贵经验。十八大以来,国家为上海自贸区建设暂时调整实施外资企业法等4部法律、17部行政法规、3部国务院文件、3部国务院批准的部门规章,为上海自贸区发展赋予很大空间,政策留白特征明显。上海自贸区不是优惠政策导向型而是更加注重政府职能转变和管理模式创新的改革试点。几年来,上海自贸区已经形成了一批可复制可推广的试点经验,其中许多已经在更大范围推广。

  注重政策留白,并不是一种简单的领导风格问题,也不是提供某种具体优惠,而是事物发展的某种客观规律决定的。政策留白,实质上是尊重地方自主探索权利和首创精神,让地方敢于探索、敢于创新,调动地方积极性。所以,习近平总书记强调:"要完善落实机制,把握好改革试点,加强统筹协调,调动地方积极性,允许地方进行差别化探索,发挥基层首创精神。"[1] "在土地流转实践中,必须要求各地区原原本本落实党中央确定的方针政策,既要加大政策扶持力度、鼓励创新农业经营体制机制,又要因地制宜、循序渐进,不搞大跃进,不搞

---

[1] 《中央经济工作会议在北京举行》,《人民日报》2015年12月22日。

强迫命令，不搞行政瞎指挥。"①

中国共产党领导改革试点，领导艺术的两个方面相互依存、相互制约，具有内在一致性，但在不同历史时期又会有不同侧重。改革开放之前，着重强调框架规范的作用，强调国家和领导人的主导作用，强调思想政治的统帅作用，通过自上而下的引导和动员树立典型、推动改革。改革开放之后，虽然也经常提到框架规范的制约作用，但国家改革发展的目标已转换到经济主题，更加突出政策留白的作用。中国共产党领导的改革试点离不开一定的价值遵循，也离不开一定的自主发挥、自主探索空间。没有框架规范的试点往往是无序乃至有害的，而没有政策留白的试点必然是僵化和没有活力的。

第五节　试点的风险及其防控

作为一种尝试性的改革实践，试点带有相当大的不确定性和风险，这是其固有属性。对于试点的不确定性和风险，必须深刻认识和把握，善于应对和防控。不确定性其实也是一种风险。试点的风险在范围上呈现出广泛性，在形式上呈现出多样性，有效应对试点的风险，需要把握以下几组关系。

一、试点与利益

化解试点的风险，就要处理好试点与利益的关系。利益是影响人们行为的重大变量。在试点工作中，利益问题可能产生

---

① 习近平：《依法依规做好耕地占补平衡 规范有序推进农村土地流转》，《人民日报》2015年5月27日。

积极影响，也可能产生风险。一方面，"先行先试"意味着改革风险，要推进试点工作就要承担改革失败的风险。因此，在确立试点之初尤其是确立重大改革试点之初，难免会出现"众人围观"和"各有所想、心思不一"的情况。另一方面，试点在背负着改革风险的同时，也能优先获得改革契机和改革红利。面对丰厚的改革试点利益回报，可能会在两个方面催生腐败。一是面对巨大的试点利益诱惑，许多地方和行业一旦披着试点的外衣向上"争帽子、争政策、要资金、搞项目"，试点就会沦为争名夺利的工具，以试点促改革的目标最终将流于空谈。二是试点的巨大利差也会被一些投机者看到，如此就会出现腐败裹挟试点的风险。腐败问题的发生不仅会抵消试点带来的民生福祉，还可能冲垮国家的战略部署，导致贻误改革时机和进程。

试点一旦成功，就会带来规模可观的改革红利。在改革红利的刺激下，一些没有成为改革试点的地方和行业常常会产生一种不平和吃亏心理，即试点"红眼病"，从而造成试点的目标和初衷被利益绑架。试点先试先行，优先获得改革红利本无可厚非，但是在实际中试点地方还可能不愿推广自身经验，以保持改革试点的先发优势和改革红利。这时试点的地方一定意义上变成了"吃独食"的既得利益者。因此，它可能在试点初期被其他地方孤立，也可能在试点取得成效后为了一己私利主动孤立自己。

还有，试点所蕴含的潜在利益，是极易引发腐败的因素。这要求加强宪法和法律权威、加强党中央权威和集中统一领导，使试点红利所带来的风险始终处于可见、可控、可防的框架内，让试点在回归突破旧的制度规则、探索新的发展路径的基本定位中，努力实现首先收获改革红利、优先享受改革红利、推动共享改革红利同步运行，切实降低和化解试点滋生腐败的风险。

二、试点与规则

化解试点的风险，就要处理好试点与规则的关系。规则是规范人们行为的重要标尺。没有规矩，不成方圆。试点运作既有着特殊的政策逻辑，也有着特殊的方法逻辑。试点运行在一定范围内、一定程度上存在有别于全国常规方法的特殊方法，即试点与非试点行驶在两条不同的政策轨道上，本质上是"双规则""双轨制"。当"双规则"处于合理范围时，则对系统改革有促进作用，可是一旦试点的特殊规则和全国的一般规则的内在统一性被破坏，"双规则"就容易走向"两张皮"。

试点运行的特殊规则可能会冲击社会价值理念。双重规则涉及社会公平正义问题，它意味着双重标准，双重标准往往导致双重利益结果。面对双重利益结果，如何解释公平正义的社会价值问题将成为十分现实的问题。在特殊规则与一般规则及其两者产生的利益级差没有打破之前，试点的地方将是潜在的既得利益体。对于试点的地方本身，试点政策具有合理性，但对于试点之外地方，又存在巨大的优越性。在这种情况下，公平正义等价值理念必然会遭到巨大挑战。

试点运行的特殊规则可能会冲击社会制度和秩序。社会制度和秩序是开展改革试点的基本背景和必要条件，两者又始终在发展和完善中。马克思主义认为，现存的一切事物都是运动、变化和发展着的，世界上没有一成不变的东西，发展的实质是扬弃，社会制度和秩序也不例外。因此，以试点推进改革不但是维护现存社会制度和秩序的过程，也是突破现存社会制度和秩序的过程，其本质是修补完善社会制度和秩序的过程。试点的突破作用同样有可能带来新旧社会制度和秩序有效衔接的问题，即可能会冲击现存社会制度和秩序。

政策双轨制的潜在风险要求我们必须及时对试点运行的特殊规则加以规范。试点能够在特殊政策下有效运行，得益于国家政策的支持和引导。试点政策要发挥有益作用、不走向自己的反面，同样需要有政策力量加以规范。因此，作为规范试点、统领全局的国家政策，应该做到张弛有度、能放能收。只有及时规范试点运行的特殊规则，改革试点才能推进有力、航向不偏。

政策双轨制的潜在风险要求我们必须及时对试点运行的特殊规则加以提升。推动局部地方进行试点，不是我们的最终目的。对于那些制定得好、实施得好、效果好的试点政策，应该及时总结、加以提升，积极将其适用范围稳步扩大，让更多的人受益。只有及时提升试点运行的特殊政策，改革试点才能当好示范、服务大局。

三、试点与系统

化解试点的风险，就要处理好试点与系统的关系。试点既然是点，就有一个与面的关系问题，也即与全局与系统的关系问题。试点不应孤立进行，而应服从于全国性战略，最终要为面上改革提供可复制可推广的经验。为此，必须加强党中央权威和集中统一领导，确保试点工作有序推进，在"全国一盘棋"的要求下把试点的有益成果推向更大范围，从而体现"以人民为中心"的发展思想、造福人民群众。

试点存在过度脱离系统的风险。试点只有与系统良性互动，才能更好地持续运行和服务全局。但在实际中试点可能会脱离系统，从而隐性独立于国家战略之外，违背初衷。试点脱离系统主要有两个方面的原因：一是由于试点红利产生了局部利益高于系统利益的思想而导致的积极脱离，二是由于系统在管控试点运作上规导无力而导致的消极脱离。

试点存在过度依赖系统的风险。有些试点的地方在长期的试点运行过程中看到了试点政策的巨大红利，因此片面地把国家提供的政策红利同试点探索出来的改革红利等同起来，把试点工作能否深入推进同国家有没有下拨政策红利等同起来，结果导致在试点工作中"等""靠"思想严重。这对试点来说无异于自缚手脚、自废武功。那种片面依靠国家政策支持的试点所取得的成果不是主动改革取得的，不是真正的改革红利，而是社会财富再分配带来的虚假红利。过度依赖系统实质上是投机行为，是庸政、懒政的体现。

试点对系统过度脱离和过度依赖的风险，需要我们在推进改革试点时更加注重加强党中央权威和集中统一领导，更加注重加强顶层设计，更加注重发挥整体性、全局性、系统性力量的规导作用，更加注重发挥系统力量，把试点工作纳入战略设计中来，把已经偏离正确轨道的行为扶正导直。

第三章
党的十八大以前的试点概览

第一节　引子

在中国共产党和新中国的历史上，试点的历史很长，试点的实践丰富。有关试点的记录和论述可谓汗牛充栋。在这些记录和论述当中，有各种各样的形式，而党的重要文献显然最有权威性。通过检索新中国成立以前重要文献选编、新中国成立以来重要文献选编、新时期重要文献选编、领袖著作、经典著作、中共历次全会文献信息库、中国共产党大事记等资料（包括政府工作报告、五年计划规划、党代会报告、领导讲话）发现，其中直接涉及试点的内容就不下百万字。

这些内容主要包含在大型数据库"人民数据"的《中国共

产党重要文献数据库》中。正如这一数据库的内容简介所说，中国共产党成立以来，在各个历史时期形成了大量的指导和反映我党我国历史进程的重要文献，收集、整理这些文献，对于研究我党我国的历史，研究党和国家有关方针政策，提高党员干部的理论水平和工作能力，具有很重要的意义。

这一数据库收录内容为建党以来公开发表的所有党和国家的重要文献，主要包括：

1. 领袖著作：《毛泽东选集》4卷、《周恩来选集》2卷、《刘少奇选集》2卷、《朱德选集》1卷、《任弼时选集》1卷、《邓小平文选》3卷、《陈云文选》3卷。

2. 建党以来历届党代会、中央全会的重要文件。

3. 已公开发表的新中国成立前的中共中央文件，如由中央档案馆编辑出版的《中国共产党重要文件选集》（1—18卷）。

4. 新中国成立后，以中共中央名义发表的各项决议、决定、规定、通知、建议等重要文件，如由中共中央文献研究室编辑出版的《建国以来重要文献选编》（1—20卷）。

5. 20世纪80年代以后，由中央文献研究室编辑出版的《三中全会以来重要文献选编》（上、下）、《十二大以来重要文献选编》（上、中、下）、《十三大以来重要文献选编》（上、中、下）、《十四大以来重要文献选编》（上、中、下）、《十五大以来重要文献选编》（上、中、下）、《十六大以来重要文献选编》（上）中收录的文献。

6. 20世纪80年代以后，由中央文献研究室和中央各有关部委共同编辑出版的各类专题文献选编，如《十四大以来党和国家领导人论国有企业改革和发展》《社会主义精神文明建设文献选编》《新时期经济体制改革重要文献选编》《坚持、改革、开放、搞活——十一届三中全会以来有关重要文献摘编》《坚持四项基本原则、反对资产阶级自由化——十一届三中全会以来有关重要文献摘编》《新时期党的建设文献选编》《新时期科学技术工作重要文献选编》《新时期民族工作文献选编》《新时期农业和农村工作重要文献选编》,《新时期统一战线文献选编》及其《续编》,《新时期宗教工作文献选编》《"一国两制"重要文献选编》《知识分子问题文献选编》中收录的重要文献。

爬梳这些内容,可以大致感知中共建党以来各种试点的概貌并得出几点整体印象。

试点有历史特点。新中国成立以前,"试点"一词并未频繁出现在党的重要文献中,而多以"试验"代之。这个时期,最典型、最密集的试点发生在陕北。用毛泽东的话说,陕北已成为我们一切工作的试验区。我们的一切工作在这里先行试验,在这里开"七大",在这里解决历史问题(见毛泽东关于"七大"工作方针的报告)。"一切工作"而不是"部分工作"在陕北先行试验,足见陕北的分量,足见中央对"先行试验"的重视。从试点的事项看,早期多在军事领域,而后延展到政治、经济、文化、社会等领域。新中国成立后,尤其改革开放以来的试点,则涵盖几乎所有领域,这大概是因为,党要借之解决执政相关的一切问题。

试点有其必然性。不同历史时期,中共所做之事大都既事关全局又面向未来,具有独特性和开创性,没有外国经验可遵,没有现成路径可循。要打开局面,对最讲实事求是的中共来说,试点自然成为必经之路——实践是检验真理的唯一标准。经过试点，总结经验，通过实践来检验政策等是否正确、是否能够促进经济社会发展，然后再决定是否进行推广，成为"我们的方针"。对必须取得突破但一时还不那么有把握的改革，采取试点探索、投石问路的方法，取得经验后再推开，可以避免失误或造成大的损失。

不试点则易遭遇大挫折。十年"文革"尤其验证了这一点。《关于建国以来党的若干历史问题的决议》有一段论述，至今读来仍发人深省：由于对社会主义建设经验不足，对经济发展规律和中国经济基本情况认识不足，更由于毛泽东同志、中央和地方不少领导同志在胜利面前滋长了骄傲自满情绪，急于求成，夸大了主观意志和主观努力的作用，没有经过认真的调查研究和试点，就在总路线提出后轻率地发动了"大跃进"运动和农村人民公社化运动，使得以高指标、瞎指挥、浮夸风和"共产风"为主要标志的"左"倾错误严重地泛滥开来。这段论述总结了当时出现失误挫折的四方面原因："在胜利面前滋长了骄傲自满情绪""急于求成""夸大了主观意识和主观努力的作用""没有经过认真的调查研究和试点"。简言之，一骄傲自满，二急于求成，三夸大主观努力作用，四不认真调研试点。中央认为，这四个因素是导致严重后果的原因。其中，前三者均为意识层面，调研和试点属于实践层面。

按时间顺序，试点的时期可分为新中国成立以前、新中国成立到改革开放之前、改革开放以后到十八大之前、十八大以来这四个阶段。今年是改革开放40周年，也是落实十九大精神的开局之年，在此背景下重温历史上的一些试点，无论是对于总结经验还是开拓前进，无论是对于我们自己还是有关国家,无疑会有重大意义和重要启发。

第二节 新中国成立以前的"试验"

从"建党伟业"到"建国大业",甚至从各地党小组创建开始,1921年到1949年的28年间,中共便在试点(试验)中摸索推进各种工作。中共一大的召开,某种意义上讲也是为以后历次大会召开进行试点。因革命党身份使然,中共早期试点以军事、政治领域试点为主,知名的"支部建在连上"就是从试点开始的。

28年中,延安时期是试点密集期,"陕北已成为我们一切工作的试验区"。延安时期即中共中央在陕北的近13年,始于1935年10月19日,中共中央随中央红军长征到达吴起镇(今吴起县),结束于1948年3月23日毛泽东、周恩来、任弼时在陕北吴堡县东渡黄河。在此期间,相对稳定并不断扩大的生存空间,给试点提供了可能性;不断扩大的活动领域,不断面临新的问题,给试点提供了必然性。

一、"有人曾在红军教导队试验俄国红军的编制法"

对于军队来说,编制问题是一件大事,事关军队战斗力甚至生死存亡。土地革命初期,中共中央和地方党组织对此进行了摸索。

1929年9月1日,陈毅在《关于朱毛军的历史及其状况的报告》中谈及"四军的组织训练"时,对军队编制的试验曾有论述。这段论述提及,红军四军里"有人曾在红军教导队试验俄国红军的编制法",事实证明"结果大家看了一回希奇,在实际工作上仍然只有照抄老的办法"。

原因是,"因为上了五个单位不好指挥,每一个连单位超出了百五十人,于宿营给养就大不方便,若一连单位只五六十人,则作战警戒就疲劳得要死"。最终,"四军此时编制仍然为国民革命军的办法",也即"每排三班,每班十人,每连三排,每营三连至四连,每团二营至三营,加上机炮连或特务队"。尽管参考了"国民革命军的办法","时常要注意两个问题",这两个问题,也就是摸索出的经验,"第一个红军需要多的徒手兵",因为"红军不轻易作战,每战必有把握,因此在胜利后若没有徒手兵,缴得枪械就没有人抬,同时在经常行军,红军病兵多,一个病了若无一个徒手兵,他的枪弹就无人抬了,所以红军的兵要多于枪为好""第二红军的非战斗兵如夫子及政治工作人材非要多不可","因为红军的任务不仅是打仗的问题,夫子多于搬运物品器械有极大的方便,政治工作人材多于发动群众训练兵士有极重要的意义,因此每每红军一团人数有二千枪还不及千枝,就是这个原故,但这是一般旧军官所不懂得的玄妙"。

由此可见,军事编制需要试验,不符合实际的要马上调整,最后确定了采用国民革命军的办法。但不是全盘照用,而是摸索出了新的经验,也就是"红军需要多的徒手兵""红军的非战斗兵如夫子及政治工作人材非要多不可"。

关于军事编制,中央曾要求地方"试用""太平军的精神",即"三五制"。《中共建军初期对红军建设的探索》[①] 曾对

[①] 刘小花、陈洪模:《中共建军初期对红军建设的探索》,《红广角》2015 年第 8 期。

红军编制、兵役制度、红军党组织和政治委员的设立三个问题进行探讨。文章指出，在1928年5月中共中央发布《中央通告第五十一号——军事工作大纲》中，中共中央对红军建设的许多设想脱离实际，毛泽东、朱德等红军领导人并没有机械地执行这些制度，而是根据部队的实际情况和斗争需要，采取了灵活变通的方式加以改进。

大革命失败后，根据八七会议精神，全国范围内组织武装暴动，建立红军成为党的要务。1928年5月，中共中央专门发布《中央通告第五十一号——军事工作大纲》（简称《通告》），对全国军事问题作整体规划与指导。关于红军编制，《通告》提到："红军之编制，须依武装及作战需要而定，暴动的群众既不能有多量的武器，在作战中必须参用旧式的粉枪、大刀、梭标、尖串等，其作战亦多系乡村战争，故暂决定试用三五制，即以12人为一班，三班为一排，五排为一连，五连为一团，五团为一师，每师4500人。每团五连，用步枪者二连，用粉枪者一连，用大刀、尖串者二连（此外尚有侦探、交通、军医、特务各种组织，至其他各特种组织，则依所有武器决定之）。此系太平军的精神，而求之适合于游击战争的需要。各省割据区域，即可试用此制，以便依实际经验，而为最后之决定。"

《通告》明确要求各地红军"试用"的编制为"三五制"，并指明了这种"三五制"军事编制是源于"太平军的精神"。刘小花、陈洪模研究发现，这一编制法因不符合实际，并未能得以推行。如，对于编制，红四军没有照搬《通告》，而是根据人员、装备、经济、训练等情况从实际出发，以达到利于指挥、利于作战之目的。1928年11月红四军第六次党代会规定：

"部队编制——每连长枪定 75 支，每营四连。每团一个特务连，其枪数与步兵连等。每团可有机关枪连与迫击炮连，每连步枪 40 支。团部传令排定枪 8 支，营部 4 支。军部可成立特务营，其组织与步兵营等。"毛泽东、朱德等根据红四军的实际情况及战斗需要采取了"三三制"，并没有照搬"三五制"的编制。

从红五军编制变动情况来看，部队并没有固定的编制，而是根据实际情况进行随时调整，以适应红军面临的复杂而多变的情况。湖南省委也不同意《通告》中关于红军编制的指示。省委在给红四军的信中讲到："四军的编制适用黄埔三三制。在每连中，由梭标队二排，步枪一排组织之。梭标于巷战，游击冲锋，均较步枪有用，且可救济步枪的缺乏（海陆丰红军即如此编制），而且可立即由 4 团扩充到 12 团。"经过大半年的实践，时任湘赣边界特委书记的杨开明在给中央《关于湘赣边苏区情况的综合报告》中直言不讳地指出："军队的编制仍是国民革命军的编制，中央所指示的太平天国的编制法，不知他的内容如何，无从悬拟，所以只得仍照旧编制。"

事实上，《通告》也明确要求，"依实际经验，而为最后之决定"。显然只有符合实际、经过实践检验的编制法才有生命力。

三湾改编在我军事史上有着重要位置。1927 年 9 月 29 日至 10 月 3 日，毛泽东在江西永新县三湾村领导了"三湾改编"。它最大的功绩是，从政治组织上保证了党对军队的绝对领导，是建设新型人民军队最早的一次探索。毛泽东提出了"党指挥枪""支部建在连上""官兵平等"等一整套崭新的治军方略。

之前，"支部建在连上"原则只在部分连队试行，并在实践中证实行之有效。在《井冈山的斗争》一文中,毛泽东讲到,"红军所以艰难奋斗而不溃散,'支部建在连上'是一个重要原因"。他用反例证明这一做法的必要:"两年前,我们在国民党军中的组织,完全没有抓住士兵,即在叶挺部也还是每团只有一个支部,故经不起严重的考验。"另外,"第二十八团在湘南曾经取消了党代表,后来又恢复了。改称指导员,则和国民党的指导员相混,为俘虏兵所厌恶。且易一名称,于制度的本质无关。故我们决定不改。党代表伤亡太多,除自办训练班训练补充外,希望中央和两省委派可充党代表的同志至少三十人来"。他说,党代表制度,经验证明不能废除。特别是在连一级,因党的支部建设在连上,党代表更为重要。他要督促士兵委员会进行政治训练,指导民运工作,同时要担任党的支部书记。事实证明,哪一个连的党代表较好,哪一个连就较健全,而连长在政治上却不易有这样大的作用。"三湾改编"之后,全军推广了这一做法,各级都有了党的组织,班有小组,连有支部,营以上建立党委。在试验成果和反例面前,"支部建在连上"的生命力得以彰显。

1933 年,在"查田运动"中,毛泽东同样采取经过调查、进行试点、取得经验、逐步推广的做法。当年 3 月,他派中央土地人民委员部副部长王观澜带工作队到瑞金叶坪乡做试点工作。王观澜回忆说:"我在瑞金叶坪乡搞了查田运动试点,是毛泽东同志指示下搞的。""毛泽东同志亲自来到叶坪乡视察,征求我的意见后,把叶坪乡查田运动的经验推广到三个区(云石山、壬田区、武阳区),后来又推广到全县。"①

---

① 陈毅、肖华等:《回忆中央苏区》,江西人民出版社,1981 年,第 355 页。

二、"陕北已成为我们一切工作的试验区"

毛泽东在关于"七大"工作方针的报告中，专门强调了陕北的分量。他说，有人说，陕北这地方不好，地瘠民贫。但是，我说，没有陕北那就不得下地。我说陕北是两点，一个落脚点，一个出发点。"七大"在陕北开会，这是陕北人的光荣。陕北已成为我们一切工作的试验区。我们的一切工作在这里先行试验，在这里开"七大"，在这里解决历史问题。

毛泽东说的"一切工作"，包括政治、经济、文化等各个方面。

在政治方面，如民主青年团的建立。

1946年8月19日，任弼时在"提议建立青年团的两次讲话"中，即提出建青年团的试点。他说，建团的试点工作，现在就开始去做。把团建立起来，对目前的解放战争有好处。可以先在非战争区的农村、学校、工厂开始建团。目前战争很紧张，军队中建立团组织，可以慢些，先从地方做起。

这里一是提到时间，"现在"就开始去做；二是提到好处，"对目前的解放战争有好处"；三是划定试点的范围，分阶段进行，"先在非战争区的农村、学校、工厂开始建团"，而"军队中建立团组织，可以慢些，先从地方做起"。任弼时的这些试点思想影响深远。

两个多月后，1946年11月5日，《中央关于建立民主青年团的提议》发布。中央指出，青救会式的组织与活动已经不能满足于这些积极分子的要求，而青年工作也因为缺少积极分子有组织的推动，逐渐松懈，不能发挥应有的力量。中央认为今天应该成立新的青年积极分子组织：此组织应比过去共产青年团更群众化、青年化，政治上接受党的领导，其名称拟定为民主青年团或新民主主义青年团。

如何建设？需要试点。中央要求，"青年团的组织暂以解放区为限""在解放区亦应视各种环境分别研究组织方法，着重在城市学校与人口较集中的村镇中求得发展""首先在较巩固的中心区作起，取得经验去逐步推广"。而在国民党统治区以及在解放区的军队中是否需要组织，"均望各地提出意见"。

试点不是乱试，中央在提议中提出了4点注意事项。这些注意事项为试点提供了重要指针：1. 党应指定青联干部及一批青年党员作为建团的组织基础；2. 先从建立下层组织和工作做起，防止搭架子的铺张形式主义；3. 各级领导机关，先由群众采取民主的方法依次选举产生，在领导机关内部完全实行少数服从多数，废止委派制；4. 工作尽可能地集中于下层，各级干部做到最大限度的不脱离生产。这4点注意事项，从组织基础、工作形式、组织制度、工作要求等方面提出了明确要求。

各地试验为中央提供决策参考。中央在这份提议中明确要求，各局各分局接到此项提议后，望召集会议讨论（吸收青年工作干部参加），总结过去经验，研究此项提议是否可行，有无其他办法，并望择地试验，将研究与试验结果报告中央，以便作最后决定。而"择地试验"、将"结果报告中央，以便作最后决定"，这也是一直到当前，中央相关文件结尾处的常见要求，只是换了文字表述，语意一致。

再如政权形式的试点。

1947年11月12日,中央批转中央工委关于政权形式问题给冀东党委的指示之中指出,"中工委曾对冀东党委有一原则指示,特转告如后,各地可参照本地具体情况,采择试行,并随时将所得经验电告我们"。

指示中要求"采择试行"的政权形式,是一种"代表会制"。试行这种制度,因为它的优势显而易见——"这种代表会制最便群众去直接掌握与监督政权,反对官僚主义,最不利于官僚主义者,站在人民头上作威作福,故我们应在积极发动起来的群众中,去放手建立创造与试验这种制度,注意收集经验,以便将来能正式规定解放区的政权制度。"

"去放手建立创造与试验这种制度""注意收集经验""以便将来能正式规定解放区的政权制度",是中央对冀东党委的要求。这里有明确的试点方法和目的。从方法上看,"放手建立";从要求上看,"注意收集经验";从目的上看,"将来能正式规定解放区的政权制度"。

这种制度如何试验?中央在指示中明确:目前解放区各级政权形式,应采取从下至上的代表会议制度,其名称或称农民代表会,或称人民代表会均可(一般以称人民代表会议为妥。中央注)。但在土改中,被打倒的地主富农及其他反动分子,均不应有选举及被选举权(新式富农应除外。中央注)。望在土地改革中,应将解放区政权,改组为人民代表会政权。在没有工业区及大城市的解放区,实际上主要是(在区村则完全是)农民代表政权,故各级农会成立后,应使农会委员会(或主席团)成为各级代表会的常驻机关,应将代表会的工作,当作自己的主要工作。为了加强工人、雇农及人民的先进分子,在各级代表会的领导下,规定工厂、机关、军队、学校得派较多的代表数目,党应将最好的干部,经过人民出于自愿地委派到代表会去工作。应从思想上使这种代表会制度,与各种办事机关的委员制分别清楚。

从要求看,中央希望这种政权组织形式一般称为"人民代表会"为妥。工厂、机关、军队、学校等均要派代表。而如果是农区,实际上主要是农民代表政权,如冀东,如东北。

中央工委在另一份指示即中央工委关于政权制度及城市工作给东北局的指示中指出,关于东北的政权制度,中央同样"望(东北局)在实际斗争中大胆试验这种制度"。中央要求"大胆试验"的"这种制度"同样是"人民代表会","在一切群众业已充分发动的乡村和城市,由下而上建立各级人民代表会,并使之成为各级政府的最高权力机关"。可见,对同一制度形式,中央会安排多地试点。

具体怎么试验?指示中说,首先成立县、区人民代表会,然后召集省与全东北人民代表会,并须经常开会,由各级代表会的主席团自行召集,由各级政府向代表会作报告并提出各种议案,使代表会真正成为解决各种重要问题的权力机关(例大革命时的省港罢工工人代表会),并实行少数服从多数,下级服从上级,上级政府委员会及代表会有权改变下级代表会的决议及解散下级代表会重新选举召集之。只有这种代表会系统确实建立起来,才能使各级政府充分反映群众意见,密切联系群众,并巩固各种纪律和制度。

经济方面,如土地改革方面的试点。

1948年3月12日,毛泽东在"对谭政文报告的批语"

(即《山西崞县是怎样进行土地改革的》）中指出,"这三个经验,值得印成一个小册子,发给每个乡村的工作干部"。"这三个经验"具体而言,一是"关于如何在农村中进行整党工作,我们有了晋察冀区平山县的典型经验（这是刘少奇同志总结的）",二是"关于如何在老区调剂土地而不是平分土地（因为那里已经平分了）的工作,我们有了陕甘宁区绥德县黄家川的典型经验",三是"现在又有了晋绥区崞县这样一个平分土地的经验（虽然不完全）"。

其中,就平山老解放区土改经验,1948年2月27日新华社发过"晋察冀二十七日电"。电文指出,晋察冀平山老解放区土改中,创造了整党与发动群众相结合的范例,兹特扼要介绍其经验供各地研究参考。

土改同整党结合,如何结合？具体来说,开初就是公开党的支部,在广大群众援助下进行整党,把党的会议与群众大会合而为一。其次,就是从乡到县建立了人民代表大会的系统,并赋予一切权力。开始时,支部也是关门查阶级、查作风及消灭宗派。但是开了七八次,均无效。后来把门打开,首先吸收非党贫农参加,接着吸收非党中农也参加。参加会议党员二三十人,非党农民七八十人,改变了过去农村支部开会时那种神秘性。最后,打破了坏分子隔离我党与群众联系的障碍,使得每个党员的阶级思想作风行为,在群众对证下,受到查清,并由群众提出处理好坏党员的意见,支部当即接受,该奖者立即奖励,该罚者马上处罚,一切坏分子只有改过自新,一切小宗派立即瓦解。这种会有时连续进行二十四小时,群众都不愿散会,情绪之热烈,可见一斑。群众认为,只要党不再包庇自己的党员，干部接受群众的意见、处分、教育，就当然会没有任何顾虑地和党站在一起了。

关于陕甘宁绥德县老区黄家川调整土地的经验，1948年2月28日新华社西北电指出，陕甘宁边区绥德县义合区三乡黄家川村按产量为标准以抽补原则，满足了贫雇农的土地要求，并巩固地团结了中农。收集和传播经验，是一项要求。毛泽东在批语中说，"各中央局，中央分局及前委的领导同志们，在对自己领导的各项重要工作发出决议或指示之后，应当注意收集和传播经过选择的典型性的经验，使自己领导的群众运动按照正确的路线向前发展"。

从毛泽东在"对谭政文报告的批语"可知，他对各地试验（试点）的成果非常重视，并会通过"印成一个小册子，发给每个乡村的工作干部"等方式尽快推广成功的做法。及时总结局部的成功经验，用于指导全局工作，这是我们党的优良传统。

第三节　新中国成立到改革开放以前的试点

新中国成立以后至改革开放之前，"试点"一词在党和政府文件中开始大量出现。在提高农民识字率、推广婚姻法、整党等诸多方面，试点都发挥了重要作用。一切都是新的，各项工作如火如荼，受益于试点等因素，新中国各项事业发展迅猛。有些脱离实际的做法，因为试点发现问题，及时止损。也因为缺少试点，曾经教训深刻，尤其"文革"十年。

一、政治领域试点

新中国成立以后，为适应形势需要，政治领域有大量试点，如社会主义教育、"四清"运动、城市青年参加农村社会主义建设、农村社会主义教育运动、农村整风整社运动等领域试点。这些试点，为各项工作开展发挥了重要作用。

如农村整社试点。所谓整社，即通过这一次整顿，使全国的人民公社的工作普遍地提高一步。1958年12月10日关于人民公社若干问题的决议（中国共产党第八届中央委员会第六次全体会议通过）要求，整社工作，在每个县的范围内，要首先做好一个或者两个试点，即在一个或者两个人民公社内，帮助那里的同志们，在一个较短的时间内，做好那里的工作，取得经验，作为榜样，然后全面推广。

除了"在每个县的范围内，要首先做好一个或者两个试点"，决议还要求，各省、市、自治区，都要组织千人、几千人或者万人左右的检查团，由省、地、县三级党委的第一书记挂帅，领导整社工作。检查团要在专区和专区之间、县和县之间、公社和公社之间，开展参观评比，召集现场会议，发扬成绩，克服缺点，鼓干劲，想办法，具体地解决当前的问题，及时地推广成功的经验。

经过试点，各地有了经验。决议发出之后八个月左右，1959年10月15日，中共中央转发湖南省委整社试点经验的批语中说，中央认为这个经验很好。湖南的试点经验十分清楚地表明，目前在农村中正在进行着一场两条道路的斗争，这场斗争是十年来农村中资本主义和社会主义两条道路斗争的继续，是一场很激烈很深刻的阶级斗争。

湖南是什么情况呢?"现在湖南这个材料可以更清楚地使同志们了解,农村中一部分富裕中农和干部当中的少数代表富裕中农利益的右倾机会主义分子,是怎样猖狂地反对人民公社、反对供给制和公共食堂,反对大跃进、反对总路线和党的领导,并且根本反对社会主义。"

湖南怎么试点的呢?"湖南平江瓮江人民公社新马生产队,早在今年五月间就开过三次辩论会,向富裕中农'不顾大集体,只搞小自由'的资本主义思想作了斗争。"中共中央在批语中要求,各省市区党委,都应该安排一个适当的时间,以进行两条道路的斗争和社会主义教育为纲,领导上一手抓政治、一手抓生产,有计划、有步骤地领导群众,用和风细雨的方式进行一次整社、整风运动,并且结合着进行整党、整团工作。而"湖南在生产大队一级整社试点的经验和有关整社的一些政策意见,可供各地参考"。

一年后,1960年12月24日在北京召开的中央工作会议,分析了当前的农村形势,总结了各地整风整社试点经验,讨论了进一步开展农村整风整社运动和贯彻执行中央十二条紧急指示的问题(1961年1月20日中央工作会议关于农村整风整社和若干政策问题的讨论纪要)。

中央工作会议讨论纪要提到,就全国农村范围来说,百分之九十以上的干部是好的,或者基本上是好的;只有近百分之七是犯有严重错误的或者是有比较严重错误的;其中真正属于五类分子和蜕化变质分子的,约为百分之三。整风整社试点的经验证明,即使问题比较多的社队,只要经过认真整顿,也就会很快地出现欣欣向荣的、群众心情舒畅的政治局面。湖北沔阳县通海口公社以及其他许多地方整风整社的经验，完全证明了这一点。

试点单位如何选？讨论纪要提到，就试点单位选择看，整风整社一定要集中力量打歼灭战，首先选择问题严重的三类社队，作为整风整社试点。试点是领导取得经验和训练干部的一个极其重要的步骤，必须办好。试点的同时，要注意面的控制。试点取得经验以后，再分批展开。

新的经验还在产生。一年后，1961年3月1日中共中央批转广东中山县坦洲公社整风整社运动的经验。中山县坦洲公社整风整社运动的基本经验，是继湖北通海口之后，全中南区对一、二类社开展整风整社运动的一个比较成功的经验。它提供了以下初步经验：从何下手才能把运动很健康地搞起来；如何进行扎根串连，组织以贫下中农为核心的队伍，来搞好纠正"共产风"的清算和赔退；如何既放手发动了群众，又团结了干部和改正了干部作风，以及如何从一开始就很好地结合生产等。

中央批转经验时指出，上述这些对我们今天的整风整社运动，都是十分重要的，必须从始至终以此来指导运动。现在全区五个省区，试点多已结束，第一批铺开的社（包括已搞好民主革命补课也正在进行以整顿"五风"为中心的三类社），运动正在展开，各地应很好研究坦洲公社整风整社的经验，进一步武装工作组和以之作为自己搞好整风整社的依据是很有好处的。

从以上可见，各地的经验有先来后到之分，有了新的经验会再继续通过"中共中央批转"等方式发给各地。事实上,中共中央批转各地经验是推广试点经验的一种常见做法。

再如农村社会主义教育运动试点。在农村进行社会主义教育是一件大事。有关这项教育,1963年5月10日中共中央关于抓紧进行农村社会主义教育的批示特别提到两份报告,"现将宋任穷同志报告一份,河南省委报告一份,发给你们研究和参考"。这两份报告聚焦东北地区和河南省的试点工作。在批示中批转和印发地方试点经验,是推广试点经验的高效做法。

宋任穷1963年4月10日报告"主席、中央"的关于农村社会主义教育的两个问题的报告中提到东北的两个经验或问题。(一)东北地区的农村社会主义教育,一般都坚持了以正面教育为主的方针,比较普遍地采用了群众自我教育的方法。(二)在这次农村的社会主义教育中,我们深感对青年进行阶级教育是一个十分重要的问题。

就(一)来看,宋任穷提到具体的试点做法:首先由县、社两级训练社、队骨干,然后分批铺开,由领导干部向基层干部和社员群众讲解八届十中全会公报、中央关于进一步巩固农村人民公社集体经济发展农业生产的决定及农村人民公社工作条例修正草案,随后在群众中展开讨论,主要是以阶级和阶级斗争的教育为中心,串连、启发贫、下中农进行回忆对比。较普遍的作法,是请一些老贫雇农现身说法,对比今昔,启发群众的阶级觉悟、社会主义觉悟。也有一些地方比较系统地回忆了村史、合作化史,将全村、全队解放前后、合作化前后的情况作了对比。还有的地方,在这个基础上自然地把回忆对比发展到贫、下中农的家庭中去,通过回忆家史,对家庭成员、对后一代进行了阶级教育。

宋任穷提到了具体案例。他以辽宁锦县余积公社曹家大队为例,说那里"就有五十多户开了家庭会,对子女进行了家史教育。由于回忆对比讲的都是本社、本村、本队和群众自己家庭的真人实事,苦甜都很亲切,所以这种教育很易打动人心,唤醒群众的阶级觉悟,坚定社会主义方向,使群众能够对农村出现的各种矛盾和斗争辨明是非,划清界限"。

试点并非一帆风顺。就(二)来讲,宋任穷强调了试点中遇到的实际问题,"深感对青年进行阶级教育是一个十分重要的问题"。他提到一种现象:在这次社会主义教育运动中,许多地方在老贫雇农回忆诉苦的时候,其他老贫雇农和下中农勾起了旧日的辛酸记忆,哭了起来;在青年中,虽然也有一些人被感动得掉了眼泪,但也有的觉得不可理解,甚至笑了起来。

就此,宋任穷也举了一个具体的案例:在黑龙江省呼兰县双井公社双井大队的一个回忆对比会上,当一个替地主扛了二十年活的老雇农王景坤诉苦的时候,有一个名叫霍永久的十八岁青年和他有下面一段对话:

霍问:"你受那么大的苦,为什么不回家呢?"

王答:"傻孩子,回家没有饭吃呀!"

霍问:"你不会告状吗?"

王答:"旧社会哪有穷人说话的地方?那时候,衙门口朝南开,有理无钱别进来。"

霍又问:"你不会跑吗?"

王答:"我就是从关里跑到关外来的。地主、富农都是一样,天下乌鸦一般黑,农民跑到哪里也没有出路。"

宋任穷得出结论说，这一番对话很可以说明，对缺乏阶级斗争知识的青年一代进行阶级教育，是一个很值得注意的大问题。不论现在和将来，都要用现实的阶级斗争对青年进行阶级教育，同时也需要对他们进行阶级斗争历史的教育，这将更有利于提高青年的阶级觉悟，使他们在现实的阶级斗争中明辨是非，站稳立场。

他说，这次社会主义教育的经验证明，用回忆对比的方法对青年进行阶级斗争历史的教育是有效的。现在，在农村中还有一些老贫雇农，在工厂中还有一些老工人，可以现身说法，对青年进行阶级斗争历史的教育。再过几十年以后，这些人没有了，如何对青年进行阶级斗争历史的教育，则是一个值得重视和研究的问题。

他总结说，我们考虑，如果能够把一些村屯（生产大队或生产队）、工厂、矿山等单位的村史、厂史以及贫农、下中农和老工人的家史记载下来，并把一些有教育意义的文物保存下来，这对于现在和将来对青年进行阶级教育，都将不失为一些有价值的教材。有了这些材料以后，就是到将来没有人能够用亲身经历进行新旧社会回忆对比，也还可以用大量的具体生动的史实去对后代进行阶级教育。

"从这一考虑出发，我们已提请三省省委先试几个点，在阶级教育深入、群众阶级觉悟提高的基础上，有选择地（而不是形式主义地）把那些确有教育意义的典型材料写成简史。在取得试点经验之后，再有领导、有计划、有步骤地在较大的范围内进行，准备用几年的时间把这件事情办好。看来，在青年中，必须有两方面的传统，一是要把阶级斗争的知识和经验，把我党的光荣传统、思想、作风、制度、办法传下去；二是要把生产斗争的知识和经验，在农村特别要把我国农业的一些行之有效的好经验传下去。前一方面的传统是最基本的，只要把它扎扎实实地传下去，后一方面的知识和经验也就可以比较有保证地留传到后代。"宋任穷说。

不止东北有试点，河南也有。宋任穷写信五天后，1963年4月15日河南省委关于当前农村社会主义教育运动情况的报告发来，报告是报"中央、主席，并报中南局"。报告提到河南的试点经验。

因为是省委的报告而非个人的报告，河南的经验总结得较为简练。河南整个运动分为三步。第一步，开好县的三级干部会议。第二步，开好公社（区）的三级干部会议。这两步都是为了训练干部，组成干部队伍。第三步，在群众中开展社会主义教育，经过扎根串连，组成阶级队伍，打击敌人。现在，运动已经进行了二十多天，第一步基本结束，训练了大队以上的干部十五万多人；第二步正在进行，受训练的生产队以上的干部和贫农积极分子一百五十多万人；第三步的试点已经开始，并取得了初步经验。从全省情况看，运动的发展是健康的、正常的，效果是极为显著的。

半年后，1963年11月14日，中共中央关于印发和宣传农村社会主义教育运动问题的两个文件的通知。通知提到各地试点的经验：各地情况不同，试点的经验也不完全相同，这些工作的进行可前可后，有些工作还可以互相穿插、结合进行。但是，所有这些工作都必须切实做好，社会主义教育运动才能胜利完成：这是共同的经验。通知还要求领导负责亲自动手，

"省、地、县各级的主要领导人员，都必须亲自试点，以便取得经验，做出样子，指导和带动全盘运动。只号召、不动手，或者虽然亲自'挂帅'但不亲自'出马'，是不正确的"。

从新的通知精神看，经验已经是"各地"，同时对试点的参与者提出了明确要求，"省、地、县各级的主要领导人员，都必须亲自试点"，并且不能只"挂帅"但不"出马"。中央重视的事情，地方主要领导也要亲自上阵，这是一个潜在逻辑。

"四清"运动在中国政治史上，是值得重重说上一说的事件。"四清"运动，即清政治、清思想、清组织、清经济的社会主义教育运动。这一运动，在中国历史上有着重要分量。"四清"运动也是从试点开始的。

如在"四清"运动中建立农村政治工作系统。1965年5月17日，中共中央对湖北、河北两省委关于今后农村"四清"运动部署问题的批示中指出，在整顿好县、区、社三级领导核心的基础上，今冬明春以县为单位，每县先在一个区（少数大县可以搞两个区）开展系统"四清"，作为试点，以便进一步取得经验，同时在面上普遍进行初步"四清"。初步"四清"的方法，主要是以公社为单位召开贫下中农代表会和集训干部，并派出适当数量的工作组到生产大队发动群众，上下结合，教育干部自觉洗手洗澡放包袱，争取把大队的一、二类干部和一部分三类干部解放出来，把落后队和最坏的干部暴露出来，清洗大坏人，改组那些已经烂掉的领导班子，初步解决大队领导核心的问题。经过初步"四清"以后，到逐区开展系统"四清"时，重点就可以放在整顿改造落后队上。

除农村外，工业交通战线进行"四清"试点。1965年4

月14日中共中央批转关于1965年工业交通工作的两个文件指出,点上的"四清"运动,必须继续抓紧进行。第一批试点单位,应当总结过去的工作,创造出既能够真正解决问题、又能够缩短运动时间的办法,为今后"四清"运动的顺利发展提供好的经验。第二批开展"四清"运动的单位,要把重要的骨干企业尽先包括进去。

全总党组及各地工会,也组织了大批干部参加了"四清"试点。1965年4月3日中共中央批转全总党组《关于省市自治区工会主席会议的报告》中指出,"我们通过四清运动也深深感到工会工作还不能完全适应革命形势的要求,群众工作还不够活跃,工会组织还不能成为一个富有战斗力的阶级组织"。

其他领域试点还包括:

"五反"试点。1963年3月1日,中共中央关于厉行增产节约和反对贪污盗窃、反对投机倒把、反对铺张浪费、反对分散主义、反对官僚主义运动的指示——在运动的第二、第三阶段开始以前,各省市自治区、各部门应当先选择几个重点单位、重点企业进行试点,取得经验,或者总结已有的同运动有关的经验,然后分期分批地逐步展开。

城市人民公社试点。1960年3月9日,中共中央发出《关于城市人民公社问题的批示》,要求各地采取积极的态度建立城市人民公社,"上半年全国城市普遍试点""下半年普遍推广"。除北京、上海、天津、武汉、广州五大城市外,"其他一切城市则应一律挂牌子,以一新耳目,振奋人心"。以后几个月内许多城市曾宣布建立了许多人民公社,但一般均有名无实。

重新登记党员试点工作。1963年1月21日,中共中央对

《组织工作会议纪要》的批示中指出,各省、市、自治区党委,还应该参照《关于重新登记党员试点工作的意见》,抓紧时间,进行试点。在试点中,一定要实事求是,及时地进行检查和总结经验。在进行登记党员试点的地方,可以结合进行建立共产主义小组的试点。在重新登记党员时,势必要有一部分党员离开党的组织。其中,有一些人,虽然不具备党员条件,但并不是坏人,他们是拥护党、对党有比较深厚的感情的。对这一些人的处理,更要十分慎重。既不应该降低党员条件把他们留在党内,又不要伤了感情,使他们同党对立起来。在他们退出党的组织以后,可以参照《关于试行建立共产主义小组的意见》,吸收他们参加共产主义小组。

各级国家机关、党派、人民团体精简试点。1962年2月22日,中共中央对于中央精简小组《关于各级国家机关、党派、人民团体精简的建议》的批示中指出,各级国家机关、党派、人民团体的精简工作,争取在今年上半年内基本完成,各级党委应该一面拟定精简计划和编制方案,一面着手减人,首先把自愿回乡和能够回乡的人员尽早安置下去。鉴于这次精简下来的人员很多,工作任务艰巨,各级党委必须在机关中深入细致地做好精简人员的思想工作和组织工作;要在所管辖的机关、地方,进行试点工作,特别对人员下放和生活安排,要步步落实,随时总结经验,不断改进。同时,要在农村中进行广泛的动员和组织工作,对于分配到公社工作的干部和回乡生产的人员,应该表示热烈的欢迎,并切实解决他们的实际困难,以免发生问题。

经济部门和企业单位的整风试点。1961年1月14日,中央《关于安排一九六一年国民经济计划的意见》中指出，1961年经济部门和企业单位的一项重要任务，是广泛发动群众，进行整风。经济部门和企业单位的整风，要在纠正共产风、浮夸风、命令风、干部特殊风、对生产瞎指挥风和其他不良作风的基础上，改进管理工作和健全管理制度，严格质量检查和加强经济核算，纯洁职工队伍。我们应当通过整风，使所有干部提高政治水平和政策水平，发扬实事求是、依靠群众、埋头苦干、民主团结的作风，从而全面地贯彻执行党的政策，多快好省地完成国家计划规定的任务。经济部门的整风，应当从部、局开始，然后再在企业单位进行。在普遍地开展整风运动以前，经济部门的领导人员应当进行切实的调查研究，解剖一两个"麻雀"，以便掌握情况，做到心中有数，并且应当进行试点，取得经验，再行分批地推广。

二、经济领域试点

新中国成立以后的经济建设，披荆斩棘中也走过弯路，但试点常常是通往正确方向的一条有效路径。

办托拉斯试点。1964年8月17日，中共中央、国务院批转国家经委党组《关于试办工业、交通托拉斯的意见的报告》中强调了试点的必要性。报告指出，运用托拉斯的组织形式来管理工业、交通企业，这是我国工业管理上的一项重大改革，是一件新事情。鉴于我们在这方面还缺乏经验，应当采取既积极又慎重的态度。在试办初期，步子不能一下子跨得太大、太急，应当首先选择少数条件较为成熟的行业进行试点，集中力量认真地办好，避免形式主义；取得经验以后，再有计划、有步骤地推行。

近一年后，1965年6月21日，薄一波在写给毛泽东并中共中央政治局常委的报告《关于试办托拉斯工作中的一些问题》中，提到一次托拉斯试点工作座谈会。从与会者看，除了各个托拉斯和中央有关工交部门的同志参加以外，还有九个省市委的书记也参加了。到会同志对试办托拉斯遇到的一些主要问题，基本上取得了一致的认识，并且提出了解决的办法。

大家认为，组织起来的方向应当肯定，托拉斯的试办工作应当继续进行。这就要求继续试点，"托拉斯的组织形式，可以而且必须灵活多样。试办的点，目前不打算再铺开，以先把第一批办好为原则。在试点工作中，应当更好地贯彻执行中央工业和地方工业同时并举的方针，贯彻执行统一领导和分级管理的原则，以便在中央的统一计划下，调动地方和厂矿的积极性，多快好省地发展我国的工业"。

试办托拉斯，需要从一些领域和一些具体问题展开，如"中国盐业公司（托拉斯）"。1965年2月27日，中共中央批转轻工业部党委《关于中国盐业公司（托拉斯）试办情况和今后意见的报告》中提到这一托拉斯的试办情况：公司成立后，把生产企业超过合理周转的存盐，收购了三百七十万吨，作为储备盐。同时，合理核定了运销企业的流动资金与信贷计划，便于他们增加合理库存，修建了简易仓棚七万多平方米（可存盐十五万吨），使销区商业库存经常保持在三百万吨上下。

报告还提到，1965年10月，公司又根据中央关于加强三线的精神，提出在近两年内把沿海产区存盐二百万到三百万吨移到销区储存的方案，报请国家计委批准。现在，已制定了管理办法和分省的移储规划，并在江西省试点。这个省初步已找到下马厂房、祠堂、庙宇和民间空房五万多平方米，只用三十万元投资稍加修整后，即可存盐十万吨。

从以上可知，一些领域的试点如托拉斯试点，中央曾召开专门的工作座谈会。就试点召开座谈会，有利于高效分享经验、凝聚共识。

专业化协作化试点。1965年5月25日，中共中央、国务院批转《全国专业化和协作工作会议纪要》。纪要关注改组我国加工工业特别是机械工业，根据要求，要争取从1965年开始，用三年到五年的时间，基本上完成这一重大的改组工作。纪要要求，各地方、各部门，特别是进行试点的八个城市和一机、八机两部，要加强对这一工作的领导，抓典型，树样板，不断总结经验，为今后进一步推行专业化和协作打下基础，逐步摸索出一条适合我国具体情况的专业化和协作的道路来。

试点的单位，八个城市和一机、八机两部；试点的方法，即加强领导，抓典型，树样板，不断总结经验。根据纪要可知，这一试点效果不错。如，北京、天津、沈阳三个市，虽然1964年才开始有计划地进行专业化和协作的试点，但效果也很显著。沈阳市组织了一部分机床零部件的专业生产。北京市对全市玻璃行业和塑料行业进行了调整、改组，还着手组织了铸、锻的专业生产。天津市到1965年3月底，已经从一百三十多个全能厂中分出一百九十多个专业厂；同时根据专业归口管理的原则，把全市原来多头管理的二十四个行业，分别按行业或者按产品由一个头统一管起来，成立了若干专业公司，组织专业化生产和协作。这些专业厂和专业公司，由于管理统一了，生产专了，厂小了，领导接近生产、接近群众了，打破了过去束缚生产力的各种规章制度，职工群众的生产积极性很高，技术革命的劲头很大，创制了大量的专用设备和专用工具，生产水平有显著的提高。不少专业厂产量成倍增长，品种成倍增加。例如，天津市的汽车配件行业，原来只生产一百五十个品种，1964年的产值不到七百万元，1964年9月按专业化和协作的原则进行改组以后，现在已能生产四百九十五种，比改组前增加了二点三倍，1965年产值预计可到二千五百多万元，比1964年增加二点七倍。

根据纪要，1965年要扩大试点范围，特别是要进行"大而全"企业改组的试点。具体而言：

1. 中央有关部要认真抓紧进行"大而全"企业的改组试点，并统一规划全国性的产品和零部件的专业化和协作。

一机部：在长春汽车厂、西安仪表厂、沈阳市三个机床厂和其他几个大厂进行改组试点。

八机部：在洛阳拖拉机厂和天津动力机厂进行改组试点，并统一规划拖拉机、内燃机零部件的专业生产。

铁道部、纺织部也要选择一个有代表性的"大而全"机械工厂进行改组试点。

2. 八个试点城市，除了配合中央部的试点工作，继续实现各地原有的规划以外，还要进行以下工作：

北京、上海、天津、沈阳、武汉、广州六个城市，要对全市的一般铸件、锻件、标准件进行全面规划（包括中央部直属企业，其中国防系统的企业，除了主管部已经同意的以外，暂不统一组织）。这个规划请有关中央局经委同有关省市研究后，在 7 月底前，送有关部、委研究，经国家经委和一机部审定后，分期分批地组织实现。北京市还要统一规划全市范围内的公用的机床修理网点。上海市还要选择几个"大而全"的工厂进行一分为几的试点。

武汉市、广州市：主要是组织力量，调查研究，制订规划，首先从地方企业开始。

重庆市、西安市：结合内地建设，对组织专业化和协作问题进行研究，看准了的也可以进行一些试点。

3. 各中央局经委还可以选择其他几个工业比较集中的城市，先在地方企业内进行试点；在取得中央部同意之后，也可以在少数中央企业同时进行试点。

试点以外的工业比较集中的城市，可以先组织公用的理化检验、计量、测试技术协作网和中小企业的公用维修网点。

4. 正在进行"四清"的企业，改组工作一般要在"四清"工作后期的建设阶段再动手，不要影响"四清"工作。

5. 已经决定内迁的企业，应当在不影响内迁进度的原则下，组织专业化和协作。

在组织领导方面，"建议试点的城市，有市委的一位负责同志挂帅，成立一个专门的班子，在上级党委的领导和有关部门的支持下，进行这件工作"。

通过以上可知，中共中央、国务院批转相关工作会议纪要，是传播试点经验的一种重要方式。从纪要可知，试点取得成果和经验后，"扩大试点范围"成为当然性选择。

经济领域的试点，还包括多个方面。

如各级党政抓商业试点。1956 年 11 月 19 日兼任商业部部长的陈云同志在商业部扩大的部务会议上的讲话中提到,县委能有个副书记管商业工作,县委会能够时常讨论商业工作,我看就"天下大定"了。他举了一个试点案例——"山西太谷县试点,把四个公司划给县管,利润百分之四十上缴,百分之五十归地方,百分之十归企业。这样一来,县委大力抓商业工作,销不出去的商品销出去了,收不起来的东西收起来了。一年下来,全县增加收入十万元,而原来一年才只有一万二千元的机动费。即使一县一年十万元,全国两千个县才两亿元;如果一县五万元,全国才一亿元。县里有权有利,商业问题就解决了一大半。现在,担子全压在我们身上,下面有问题我们看不见,也不能解决,有什么好处?统一财经工作,实行计划经济,都要求集中。但是,集中不能过分,必须考虑到我国人多、地大、各地情况不一样这个事实。我们常说,政策要根据当地的实际情况具体化,谁来'化'?主要是县委。"

如农业生产试点。其中有高级烟叶生产基地的试点。1964年11月23日,中共中央、国务院批转轻工业部党委《关于烟草工业托拉斯一年来试办的情况和今后意见的报告》中提到,"实行了原料的统一调配和合理使用,促进了烟叶生产,并进行了高级烟叶生产基地的试点"。原来,前几年,由于农业受灾减产,优良品种退化,使烟叶质量逐年下降,高级烟比重剧减。加以在收购中烟叶混等混级,各地区之间烟叶不易统一调配,合理利用,以致严重影响卷烟质量和烟叶原料的配套供应。例如,蚌埠卷烟厂1962年存烟叶达七百二十万斤,但由于缺少河南、山东烟叶,作不出配方,几个牌号因而停产,只能另出质量低的新牌号。烟草工业托拉斯成立以来,"由公司派出行政干部和科研技术人员,长期蹲点,协同农业部在河南襄、郑两县进行了二万五千亩高级烟原料基地的生产试点,推广优良品种。在当地党政领导支持和社员努力下,已取得优质高产的初步成绩。据专家评定,从上等烟中挑出的特级原料,经两年醇化,可以代替部分进口高级烟叶,配套生产特制'中华'和'熊猫'烟。这就为我国自力更生地解决高级烟原料提供了可能"。

再如清理社队和农民欠国家的各种债务试点。1962年8月28日,《中共中央、国务院关于农业生产资金问题的通知》指出,这项工作要经过试点,争取在今冬明春农闲季节有步骤地进行。至于清理旧债的具体办法,由有关主管部门制定下达。

又如从企业利润中提取百分之五作为城市建设资金试点。1961年12月5日,《从企业利润中提取百分之五的城市建设资金的办法》指出,从1962年开始,只在沈阳市试点。沈阳市1961年急需解决的城市建设投资,由建工部、财政部、国家计委研究后,根据可能适当追加一部分拨款。

以上只是管窥,经济领域的试点汗牛充栋,但无一例外,这些问题都是以前所未有经验且必须直面的问题,这就需要试点、需要推广。

三、文化领域试点

新中国成立以后,文化领域试点同样种类很多。如教育领域,半工(耕)半读教育制度试点、外语教学改革的试点、高等学校毕业劳动实习试点、全日制学校改制等。

半工半读试点。1964年12月21日、22日,周恩来总理作的政府工作报告提到，1965年，要积极进行半工半读、半农半读的教育制度的试点工作。全日制的中等学校和高等学校保持原有规模，一般不再发展，并且要积极地有步骤地进行改革工作。少数有条件的全日制学校，经过领导批准，可以进行半工半读、半农半读的试验。中等专业学校和技工学校，要有准备地实行半工半读、半农半读。要加强半工半读、半农半读学校的师资培养工作。要继续开展业余教育。

全日制学校改制试点工作。1965年7月14日，《中共中央关于半农半读教育工作的指示——转发教育部党组关于全国农村半农半读教育会议的报告》中提到，农村全日制中学改半农半读，应该选择全日制中学较多的地区，经过省、市、自治区领导批准，有计划地进行试点。其余的全日制中学主要是进行社会主义教育和教学改革，把它办好，使之更适合三大革命运动的要求。全日制的中等农业技术学校和一部分师范学校，应该经过试点，分期分批地改为半农半读或半工半读。

高中等农业教育革命。1965年8月19日，中共中央批转农业部党组《关于全国高中等农业教育会议的报告》中提到，在提高认识的基础上，会议研究了今后高中等农业教育革命的方针、任务和措施。《报告》强调，必须抓紧搞好试点，不断总结经验。不能一哄而起。坚持"五年试验，十年推广"，积极地为实现这一方向而奋斗。只要我们做好各方面的准备工作，在强调普及的同时，注意提高，注意保住尖端的专业，在发展学校的时候，注意不给国家背包袱，那么，我们积极地推行农业教育革命，就不会出乱子。

全日制学校改制方面。1965年7月14日，中共中央关于半农半读教育工作的指示——转发教育部党组关于全国农村半农半读教育会议的报告中，提到进行全日制学校改制的试点工作。具体而言，农村全日制中学改半农半读，应该选择全日制中学较多的地区，经过省、直辖市、自治区领导批准，有计划地进行试点。其余的全日制中学主要是进行社会主义教育和教学改革，把它办好，使之更适合三大革命运动的要求。全日制的中等农业技术学校和一部分师范学校，应该经过试点，分期分批地改为半农半读或半工半读。

冬学试点。《人民日报》1950年1月25日第3版报道了东北地区和河北等地的冬学试点——东北多数省县均进行了冬学的试点工作，如辽东省教育厅去年12月初，曾调十八名干部率领省师、省中师范班学生五百六十人，深入凤城、辽阳等县作冬学试点工作，以创造经验。河北省亦注意总结与推广以往开办冬学的经验。其次，各地干部、党员、团员积极带头入学，事先并经过各种形式的宣传动员，打破了群众怕上学的各种顾虑，认识到上冬学的好处，使大批男女群众，踊跃入学。学习情绪一般都很高。东北许多群众，自愿出钱、出油、出柴火，来解决冬学经费。河北因为冬学能结合生产，很多家长因怕耽误生产而阻止青年入学的，也变为督促自家的子弟去上学了。

大学招生试点。1970年6月27日，中共中央批准《北京大学、清华大学关于招生（试点）的请示报告》，高等院校开始招生复课。文件规定高等学校招生废除考试制度，"实行群众推荐、领导批准和学校复审相结合的办法"，招收"工农兵学员"。在教学中，确定"工农兵学员"的任务是所谓"上大学、管大学、用毛泽东思想改造大学"。这种所谓"改革"不仅在大学中，而且在中学中造成了教学秩序混乱，教育质量下降的后果。

四、社会领域试点

新中国成立后，社会领域试点同样不少。

农村人民公社基本核算单位试点备受关注，这也是深受毛泽东重视的试点。中共中央根据毛泽东的建议及各地方的调查和试点经验，于1962年2月13日发出《关于改变农村人民公社基本核算单位问题的指示》，决定人民公社一般以生产队（即小队）为基本核算单位。而在此之前，有大量试点的铺垫。对重大问题的指示，建立在有试点之上，这是决策科学性的体现。

1961年9月29日，毛泽东关于解决农村基本核算单位问题给中央常委等的信，提出一个重要问题——农民说，六十条就是缺了这一条。这一条是什么呢？就是生产权在小队、分配权却在大队，即所谓"三包一奖"的问题。这个问题不解决，农、林、牧、副、渔的大发展即仍然受束缚，群众的生产积极性仍然要受影响。如果我们要使1962年的农业比较1961年有一个较大的增长，我们就应在今年12月工作会议上解决这个问题。我的意见是："三级所有、队为基础。"即基本核算单位是队而不是大队。

毛泽东这封信附了五份材料，"请你们一阅，并和你们的助手加以研究"。五份材料具体来说，是河北深县五公公社耿长锁的一封信，山东省委1961年3月关于大小队矛盾问题座谈会材料一份，湖北省委9月25日的报告一份，9月27日邯郸座谈纪录一份，另有河北的一批材料。这些材料都剑指一个问题：农村人民公社公社基本核算单位，到底是以生产大队为基本核算单位好一些，还是以生产队为基本核算单位好一些？如果以生产大队为基本核算单位，各生产队之间的平均主义，也就是穷队与富队的矛盾问题，很难解决。

湖北部分地方有自己的试点。对此问题，"湖北省委九月二十五日的报告"（湖北省委1961年9月25日关于试行以生产队为基本核算单位给中南局并报中央、毛泽东的请示报告）提到了孝感地委和荆门县委作了试点。其做法是：取消"三包一奖"，生产队的收入除按一定比例向大队上交公积金、公益金、管理费之外，其余全部归生产队自行分配；统购任务，国家定到大队，大队定到生产队，生产队之间不作调剂。

湖北的试点经验证明，这样做，解决了以队为单位进行生产却以大队为单位进行分配的矛盾，能够从根本上克服生产队之间的平均主义，更好地贯彻多劳多得的原则，提高生产队和社员的积极性；能够促使生产队精打细算，勤俭办社，爱护农具，发展耕牛；便于加强社员之间的相互信任和生产队的民主管理；大队干部可以拿出更多的时间和精力来加强政治思想工作。试点经验显示，在目前农业生产工具还很落后、居住村落还很分散、经常性的农业生产活动一般地不出生产队的情况下，以生产队为基本核算单位，可能比较有利于生产的发展，同时也比较适应于目前社员群众和基层干部的经验水平、觉悟程度和文化程度。

湖北省委认为，主张以生产队为基本核算单位的同志们的意见是有道理的，请求允许进一步开展试点。请示报告附送了中共孝感地委工作组 8 月 12 日关于武昌县锦绣生产大队试行以生产队为基本核算单位的调查和荆门县委工作组关于金山大队扩大生产队核算试行情况的材料。

事实上，就核算单位问题，中央早在 1961 年就发了指示，要求各地试点并上报方案。1961 年 10 月 7 日中共中央关于农村基本核算单位问题给各中央局，各省、直辖市、自治区党委发了指示。指示中说，为了进一步调动农民群众对集体生产的积极性，究竟以生产大队为基本核算单位好，还是以生产队（即原来的生产小队）为基本核算单位好的问题，很需要研究。这个问题，在今年 3 月的广州会议上曾经初步考虑过，现在应当重新考虑。各县还可以选择一两个生产大队进行试点，以便取得经验，但是目前还不要普遍推广。在试行的时候，必须注意使生产资料，特别是耕畜农具，不受损失。中央准备在今年 12 月的工作会议上，对这个问题作出决定。请各中央局，各省、直辖市、自治区党委，在 11 月底以前，把你们调查研究的结果和意见，报告中央。

指示非常明确。一是提出问题；二是要求各县试点，同时要求还不要普遍推广；三是对试点中可能出现的问题作出提醒；四是将试点结果上报中央。

一个多月后，中共中央批转邓子恢《关于农村人民公社基本核算单位试点情况的调查报告》（1961 年 11 月 23 日）。批转时，中央指出，邓子恢同志这个报告很好，发给你们参考。因为目前各地正在普遍试点，此件可发至地、县、社三级党委参考。

这个"很好"的试点报告说了什么?邓子恢在报告中说,我于10月24日离京南下,28日晚安抵龙岩,经过郑州、南昌时听取了各该省委农村工作部关于基本核算单位试点情况的汇报,到岩后又派工作组在白土后田、邓厝、孟头诸大队及连城新泉北村大队试点,现试点已大体结束,发现了许多问题,取得了不少经验,兹将试点中所发现问题和处理办法报告如下。

"发现了许多问题,取得了不少经验",这些问题和经验是什么?报告提到:对基本核算单位下放,各级干部和群众一致拥护,认为这对克服平均主义、官僚主义,贯彻民主办社、勤俭办社,调动社员积极性、发展农副业生产都有极大好处。但也有少数大队干部感到权力受到限制,思想上有抵触,小队干部和群众也有一部分过去在大队统一分配中占了便宜的人主张维持现状不再改变。这些人经过说服,经过大多数群众通过,也只好赞成。

报告还提到粮食分配等问题。其中关于粮食分配问题,大家一致重视,一致同意河北基本口粮与劳动粮相结合的办法,认为这是当前提高社员出勤率的主要关键。在河南密县、江西丰城试办体制下放时,由于尚未提到粮食分配问题,据说小队干部与群众兴趣不大。而白土、新泉各队讨论这个问题时,群众却异常兴奋。目前各队对粮食分配有两种办法:后田大队采取基本口粮与劳动粮各半分配办法,即以全队可分粮食之半数按人头分配,另一半按社员工分分配(工分包括出工工分,积肥工分,干部补贴工分,军烈属困难户照顾工分等在内)。新泉北村大队则采取基本口粮、劳动粮、照顾粮相结合的办法,即无劳力者每月每人二十斤或二十五斤谷子作为基本口粮,有劳力者不发基本口粮,而按各人实做工分分劳动粮,另以一部分作照顾粮,照顾人多劳力少,军烈属、老革命、外出干部、病人、产妇之用,对有劳力不出工者一律不照顾。据新泉工作组计算,实行这种制度后,有些队每个劳动日可得到四五斤干谷。报告认为新泉这种分配办法比后田对半分办法好,既简便合理,又更便于提高社员出勤率,拟广泛推行。某些大队今秋分配就打算扩大劳动粮比例,以便更好调动社员积极性。

经过各地充分试点,四个多月后,1962年2月23日,中共中央关于改变农村人民公社基本核算单位问题的指示说,在全国各地农村,绝大多数的人民公社,都宜于以生产队为基本核算单位。这一点,经过调查和试点,已经完全可以肯定了。就这样,从地方试点,到中央重视,再到中央要求各地试点,再要总结经验,再去推广,一个逻辑闭环形成。

再看看食堂问题试点。

1958年,全国农村开展了人民公社化运动,"大跃进"成了那时的主旋律。各村生产队都成立了公共食堂,但这一试验型的"共产主义大锅饭"没过两三年便宣告终结。要不要办食堂,如何办好?这些就需要试点和试验。这一问题,毛泽东重视,周恩来、邓小平等亲自搞试点。

周恩来1961年5月7日在"关于食堂和评工记分等问题的调查"报告中提到:"我到邯郸之后,听了三天汇报,就到武安县伯延公社,现在已经有五天了。五天中,我找了公社、大队、生产队的干部和社员群众谈了话,开了座谈会。现在有下面四个问题简要地向主席汇报一下。"

周恩来汇报的第一个问题即食堂问题。他说："绝大多数甚至于全体社员，包括妇女和单身汉在内，都愿意回家做饭。我正在一个食堂搞试点，解决如何把食堂散好和如何安排好社员回家吃饭的问题。"

无独有偶。两天后，1961年5月9日毛泽东转发胡乔木的信——关于公社食堂、农村商业和手工业等问题的调查。信中胡乔木谈到食堂问题——韶山公社食堂，已由原有的一百一十二个减为六个，这六个据公社党委了解，其中五个不久以后都将不办，另一个我们去调查了一下，发现该食堂不分自留地，不搞家庭副业，恐也难持久。韶山经验除正在湘潭全县推广外，湘乡县沙田公社党委也在四月下旬推广。该公社在省、地、县委同志和我们一起合作下，有领导、有秩序地处理了这一问题，由于群众要求迫切，结果在临近插秧之前，仅仅三天时间，就把这个问题在全公社基本上解决了。在散食堂中，各项问题的处理，同韶山差不多，也更细致了一些。群众的热烈程度难以想象，甚至说成是"第二次解放"。有农民说，六十条只要三条就能吃饱饭，一是不办食堂，二是按劳分配，三是超产全奖。省委对解决食堂问题决心很大，预计最近即可在全省范围内解决。

几天后的1961年5月13日，毛泽东转发邓小平、彭真的信——关于农村人民公社几个问题的调查。邓小平、彭真的调查发现，食堂问题比较复杂，除居住分散的队不办、长年食堂一般主张不办外，对农忙食堂（半年多），群众意见很不一致。北京市在各县、区都进行了试点，向群众宣布三条：（1）吃食堂、不吃食堂都完全根据自愿；（2）吃食堂、不吃食堂都好、都光荣；（3）吃食堂、不吃食堂的，都给予便利。结果大体是：近郊菜区入食堂的多些，远郊区各县入食堂的少些；一类队，工分值钱多，食堂办得好的，愿意吃食堂的人多些；三类队，收入少，甚至一二类队，食堂办得糟的，入伙的很少，有的全部散了。有的，在同一个大队中，有的生产队全退了伙，有的生产队，吃食堂的却仍有百分之二三十、五六十，甚至更多的。

事情总是复杂的。邓小平、彭真还提到，现在情况还在变化，有些人退出食堂自炊一个时期后，又要求入食堂，散了食堂的地方，也有少数人要求再办。看来，吃不吃食堂的问题，比较复杂，不能像供给制一样，一刀两断地下决心。尤其要走群众路线，让社员慢慢考虑、好好讨论，完全根据群众自愿，他自己感到怎样合算就怎样办。今后，要办食堂的，一般应当把食堂的经济核算同生产队分开，即把生产队的分配和社员的生活消费分开。食堂不要大了，应办小型的，或者是自愿结合的。

经过多地试点，事实证明公社食堂整体上并不符合时代需要，因而走入末路。吃饭的事，历来是大事，尤其在农村。最高领导人重视，周恩来、邓小平、彭真、胡乔木等亲自去考察、试点。在大量的一手调研基础上，中央的认识更加清晰。

社会领域还有其他试点。

如血吸虫病防治工作试点。1957年4月20日，国务院关于消灭血吸虫病的指示中指出，党和政府对防治工作的领导大大地加强了……各省（市）卫生部门，也充实和建立了一千四百多个防治所、站、组，训练了一万三千多个防治干部、八万四千多个农业生产合作社保健员和二万五千多个区乡干部，组成了一支防治队伍。有五个省（市）已经基本完成了调查摸底工作，其他各省也进行了不同程度的调查工作，大体摸清了病害流行的情况，普遍地进行了试点工作。

1963年2月26日《中共中央关于加强领导，抓紧防治血吸虫病和疟疾工作的指示》要求，各血吸虫病流行区的省、专、县都应当派得力干部下去，采取搞生产又搞防治工作的方法，认真做好试点工作，切切实实地试行《防治血吸虫病工作条例（草案）》，在实践中进一步总结经验，使这个条例逐步充实、完善。

五、生态领域试点

对生态的重视，由来已久。相关试点工作，也早已有之。

植树造林试点。1966年2月23日，周恩来在《植树造林是百年大计》中指出，林业工作要面向全国，依靠全党全民，要两条腿走路。林业部过去只注意林区采伐，我看主要任务还是造林。工业犯了错误，一二年就可能转过来，林业和水利上犯了错误，多少年也翻不过身来。我最担心的，一个是治水治错了，一个是林子砍多了。治水治错了，树砍多了，下一代人也要说你。我国森林覆盖率只有百分之十多一点。16年来，全国砍多于造，是亏了。20世纪还剩下30几年，再亏下去不得了。造林是百年大计，要好好搞。

怎么好好搞？他提到，造林也要两条腿走路，要依靠六亿农民，四旁植树也是个大工作。兵团要搞试点。用剃光头的办法采伐森林，采光了就走，修一条林区铁路废一条，这怎么得了！营林是建设社会主义，我们不能吃光了就算，当败家子。

可见，搞试点是周恩来首先想到的工作方法。

森工企业永续作业试点。1964年6月25日，中共中央对四川省森工企业实行长期经营、永续作业问题的批复中指出，森林的长期经营、永续作业，是林业和森工生产建设中的一项重大方针，应当认真贯彻执行。但是由于我国森林蓄积量少，需要与可能之间存在着矛盾，加上林相复杂，尚无永续作业的经验，因此，可以选择川西森工局为试点；同时对其他森工局一个一个的摸清情况，进行全面规划，逐步地、积极地解决这一问题。

鱼虾繁殖育肥试点。1963年10月19日，中共中央、国务院批转谭震林、聂荣臻《关于全国农业科学技术工作会议的报告》中指出，目前的主要问题是捕捞过度和对资源的损害所引起的产量下降。所以必须着重研究小黄鱼、带鱼、对虾、毛虾等主要捕捞对象的数量变动、游动规律、种间关系、捕捞方式和强度对发源的影响，资源增殖途径及确切可行的有效保护措施。渤海是重要鱼、虾类繁殖肥育基地，尤须首先作为试点，依据鱼、虾类幼体不同发育阶段的数量变化，来估计成活率，找出有关因素和成活率的关系，并据以设计试验，提高成活率，来壮大资源的补充群体；同时，还必须研究在人工条件下培育鱼、虾类种苗，向海中放流来增殖资源。这些科研工作，虽然在国内还是空白，现有技术力量及设备条件也太差，但为确保资源的永盛不衰，必须积极开展。

第四节　改革开放以后到十八大之前的试点

改革开放以后到十八大之前，试点覆盖经济政治文化社会生态等全方位多领域。对试点，党和国家领导也提出更多更明确的要求。小岗、深圳、海南、浦东、雄安……一个个"地标"，串联起中华民族近代以来一段辉煌灿烂的时期，是中国改革开放历程上的重要标志，也是世界观察"中国奇迹"的主要窗口。

正如陈云同志所说，我们要改革，但是步子要稳。因为我们的改革，问题复杂，不能要求过急。改革固然要靠一定的理论研究、经济统计和经济预测，更重要的还是要从试点着手，随时总结经验，也就是要"摸着石头过河"。开始时步子要小，缓缓而行。

一、政治体制改革试点

改革开放以后，政治体制改革进行了不少试点。如整党、县级机构改革、国家公务员制度、廉政制度、党风廉政责任制、"三讲"教育、党政干部政治理论水平任职资格考试制度、党代会常任制、省直管县和乡财乡用县管、对国有重要骨干企业的巡视、上海浦东新区综合配套改革、县委权力公开透明运行、政府重大投资项目公示等试点。这些试点，涉及党，如政党、"三讲"教育、党代会常任制；也涉及政，如县级机构改革等。

以整党为例。

党的十二大提出整党。1982年9月1日胡耀邦作的十二大报告中，第四条是"有计划有步骤地进行整党，使党风根本好转"。报告强调，党风问题是关系执政党生死存亡的问题。为了使党风根本好转，中央决定从明年下半年开始，用三年时间分期分批对党的作风和党的组织进行一次全面整顿。这无疑是我们党的一件头等大事，必须十分慎重地对待，十分周到地准备，有计划、有步骤地进行。

如何有计划、有步骤地进行？12天后的9月13日，胡耀邦在十二届一中全会上的讲话中，第三条即为"要认真考虑整党"，提到"搞几个试点"。他指出，书记处认为，明年开始的新的整党，必须精心地和细致地加以准备、指导和组织。中央和省、市、区都需要从今冬或明春开始，搞几个试点。在这个基础上，着手起草一个较好的整党文件。估计到明年五六月全国人大结束以后，至迟明年秋天，可能把文件拿出来，作为十二届二中全会的中心议题之一。二中全会之后，再分期分批地展开，争取从明年秋天起，在三年内全国范围完成整党。

试点先行，这是明确要求。先是"中央和省、市、区都需要从今冬或明春开始，搞几个试点"。整党要先试点，这因为"我们这样一个大党，工作范围这样广，积累问题这样多，而在整党问题上，我们历史上既有正面经验，又有反面教训"。

试点只是开始。"在这个基础上"，"着手起草一个较好的整党文件"。这个文件，是十二届二中全会的中心议题之一。一年后，1983年10月11日中共中央关于整党的决定（中共十二届二中全会通过）中，规定了整党的步骤和基本方法：从中央到基层组织,自上而下、分期分批地整顿。每个单位党组织的整顿,也要自上而下,先领导班子、领导干部,后党员群众。

当时,全党有4000万党员,其中有900多万干部,有近250万个基层和基层以上的党组织。按要求,"在从今年(一九八三年)冬季起的三年内,分两期整顿完毕。第一期,从今冬开始整顿中央一级、省市自治区一级(这两级包括各部委办司厅局)和解放军各总部、各军兵种、各大军区一级的领导机关中的党组织。在这期间,省市自治区党委可以指定一些已经完成机构改革的地、县级党组织,作为试点,进行整党。军队也可以进行类似的试点。第二期,从一九八四年冬开始整顿其他所有的党组织,这一期如何分批进行,由各省市自治区党委和解放军总政治部根据实际情况具体部署"。

可见,即使是试点之后通过的整党文件,也明确要求推进整党工作中,仍"可以继续试点——在这期间(第一期),省市自治区党委可以指定一些已经完成机构改革的地、县级党组织,作为试点,进行整党。军队也可以进行类似的试点"。这样,试点先于文件,也体现于文件,落实试点经验过程中还可以继续试点。这种做法,就为整党工作顺利推进打下基础。

再如县级直选试点。1980年2月5日至12日,第五届全国人大常委会第十三次会议在北京召开。会议根据《中华人民共和国全国人民代表大会和地方各级人民代表大会选举法》的有关规定,通过了《关于县级直接选举工作问题的决定》。当年上半年,全国除北京外,28个省、自治区、直辖市的460个单位进行了县级直接选举试点。6月21日,《人民日报》报道:全国县级直接选举试点工作基本结束。下半年各地将普遍进行县级直接选举。1981年9月12日,《人民日报》发表民政部部长程子华的《关于全国县级直接选举工作的总结报告》。《报告》说：全国县级直接选举工作，经过1979年下半年和1980年上半年两次试点，于1980年下半年全面铺开；到1981年8月，在全国2756个县级单位中，已有2368个单位完成了选举工作。

人民公社体制改革试点。1980年5月下旬，在中共四川省委的支持下，中共广汉县委在向阳公社进行人民公社体制改革试点，撤销向阳人民公社，恢复建立向阳乡党委、向阳乡人民政府。

小城镇户籍制度改革试点。1997年4月23日，李鹏主持召开国务院第五十五次常务会议，讨论并原则通过《小城镇户籍制度改革试点方案》《关于完善农村户籍管理制度的意见》和《中华人民共和国契税暂行条例（修订草案）》。其中《小城镇户籍制度改革试点方案》规定，试点城镇具备条件的农村人口有权办理城镇常住户口。至此，新中国成立以来40多年严格的传统户籍管理体制迈出了变革性的一步。这是为适应小城镇发展新形势的需要，促进农村剩余劳动力就近有序地向小城镇转移，推动小城镇和农村的全面发展，减缓大中城市的压力而采取的一条符合中国国情的农村城市化道路。

"三讲"教育试点。1999年3月19至21日，中共中央召开的全国"三讲"教育工作会议在北京举行。中共中央政治局常委、书记处书记胡锦涛出席会议并发表重要讲话。他指出，"三讲"教育试点取得的成效说明：中央关于以整风精神在领导班子、领导干部中深入开展"三讲"教育的决策，是完全正确、十分必要的,得到了党内外广大干部群众的拥护;中央提出的关于开展"三讲"教育的指导原则、基本要求和方法步骤,是符合实际的。各级党委要进一步把思想统一到中央精神上来,坚定信心,增强责任感,切实加强领导,有计划有步骤地做好下一步"三讲"教育工作,确保高质量地完成任务。

2001年6月8日,全国农村"三个代表"重要思想学习教育活动联席会议办公室在北京召开农村"三个代表"重要思想学习教育活动村级试点工作座谈会,14个试点县(市)的有关负责同志汇报交流了试点工作取得的主要成绩和经验,并就搞好今冬明春村级学习教育活动进行了专题研究讨论。

二、经济体制改革试点

经济体制改革,内容十分庞杂。改革中的一切做法都要接受实践的检验,并在实践中总结出新的经验。正如《中共中央关于经济体制改革的决定》(中国共产党第十二届中央委员会第三次全体会议一九八四年十月二十日通过)中所说,改革的步骤要积极而稳妥,看准了的坚决改,看准一条改一条,看不准的先试点,不企图毕其功于一役。

为了推进经济体制改革,各种试点相继推出。比如分税制、股份制试点、税利分流、内部分配制度、企业集团、企业进行关停试点、股份制企业试点工作、职工内部少量持股、现代企业制度、企业优化资本结构、农村金融体制改革、国有企业破产、大型企业集团试点、初级电气化试点县、组建农村合作银行、小额信贷、非公有制企业经营外贸试点、农村税费改革、小城镇健康发展、年薪制及持有股票等分配方式、农村信用社管理体制改革、分离办社会职能、增值税转型改革、广中关村等国家自主创新示范区、现代流通综合试点、区域发展与扶贫攻坚，等等。

经济领域试点中，现代企业制度改革试点较有代表性，也是分量较重、持续时间较长的一项试点。何为现代企业制度？

1993年11月14日，《中共中央关于建立社会主义市场经济体制若干问题的决定》（中国共产党第十四届中央委员会第三次全体会议通过）中提到，我们所要建立的是"适应市场经济要求，产权清晰、权责明确、政企分开、管理科学的现代企业制度"。

现代企业制度如何建立？《决定》认为，国有企业实行公司制，是建立现代企业制度的有益探索。规范的公司，能够有效地实现出资者所有权与企业法人财产权的分离，有利于政企分开、转换经营机制，企业摆脱对行政机关的依赖，国家解除对企业承担的无限责任；也有利于筹集资金、分散风险。

怎么实现公司制？《决定》强调，公司制"要通过试点，逐步推行，绝不能搞形式主义，一哄而起。要防止把不具备条件的企业硬行改为公司。现有公司要按规范的要求加以整顿"。"通过试点""逐步推行"，这是对建立现代企业制度，尤其建立公司制的具体要求。

《决定》通过后半个月，1993年12月1日，时任国务院总理李鹏在全国经济工作会议上的讲话《加快建立社会主义市场经济体制的改革步伐，保持国民经济持续、快速、健康发展》中提到，明年要认真组织一百家国有大中型企业建立现代企业制度的试点，以便积累经验。

到了"明年"也即 1994 年,《政府工作报告》(1994 年 3 月 10 日)中再次强调,国家将组织一批国有大中型企业,按照公司法进行建立现代企业制度的试点,积极总结经验,逐步形成规范化的实施办法,以利推广。继续积极推进社会保障制度改革,减轻企业办社会的负担,为企业平等参与市场竞争创造条件。

3 个月后,国务院批转国家体改委《关于一九九四年经济体制改革实施要点》的通知(1994 年 6 月 8 日)又重申这一要求:国家将组织一批国有大中型企业,按照《公司法》的要求进行建立现代企业制度试点,探索建立产权清晰、责权明确、政企分开、管理科学的现代企业制度,积累经验,创造条件,逐步推进。

当年两会结束后不到八个月,1994 年 11 月 2 日,国务院副总理邹家华在全国建立现代企业制度试点工作会议上的讲话中强调了试点的必要性:国有企业由计划经济体制下的政府机构附属物,真正变成市场经济体制下的竞争主体,是一个艰苦的过程,这方面我们还缺乏成熟、系统的经验。因此,建立现代企业制度需要通过试点来积累经验。现代企业制度的建立将使我国国有企业面临着最为深刻的变革,从政企关系、产权关系,到企业的组织结构、管理体制等方面,都将发生重大变化。

试点需要学习,搞好试点需要前提。邹家华认为,为了在世纪末实现建立现代企业制度这一目标,必须全面、正确地认识和理解现代企业制度,把思想统一到党的十四届三中全会《决定》上来。这是搞好试点的前提。

试点需要"底线思维",需要把握一些要点。邹家华说,建立现代企业制度是一项十分艰巨复杂的任务,要在实践中不断探索。要注意把握好以下几点:第一,要坚持以公有制为主体。第二,现代企业制度是适应社会主义市场经济发展要求、依法规范的企业制度。第三,建立现代企业制度,要全面实行"产权清晰、权责明确、政企分开、管理科学"四句话,当前要特别注意实现政企职责分开,转变政府职能。第四,现代企业制度是一个完整的制度体系。第五,要提高企业的管理水平。第六,现代企业制度是依法规范的制度。

如何加强对企业改革的领导,精心组织好现代企业制度试点工作?邹家华指出,党中央、国务院决定,明年(1995年)将国有企业改革作为经济体制改革的重点,各级政府、各有关部门都要把注意力转移到这一重点工作上来,加强对企业改革的领导,采取切实有力的措施,推动企业改革的深入。国务院召开全国建立现代企业制度试点工作会议,主要是研究深化企业改革,部署建立现代企业制度试点工作。通过试点,积累经验,创造条件,逐步推进。

究竟如何试点呢?

(一)深化企业改革,搞好试点工作,必须统一思想,统一认识。精神和要求,具体而言包括,党的十四届三中全会的《决定》精神,《关于选择一批国有大中型企业进行建立现代企业制度试点的方案》,《深化企业改革,搞好国有大中型企业的规划和意见》等。

(二)试点工作在国务院的领导下进行,各部门、各地区都要围绕企业改革这一重点,紧密配合,为推动试点工作履行好各自的职责。具体而言，国务院决定，试点工作由国家经贸委牵头负责，会同国家体改委等有关部门和单位具体组织实施。中央财经领导小组办公室参与研究有关工作。重大问题由国务院研究确定。由国家经贸委牵头负责这件事，主要是考虑经贸委是负责企业工作的，建立现代企业制度要与企业管理、结构调整、技术改造和经济运行结合起来抓。这次确定的一百户国有大中型试点企业，三户控股公司试点企业，除国家经贸委联系外，国家体改委也联系二十到三十户。各省（区、市）如何分工负责，由各省（区、市）政府自己定。

（三）试点企业要坚持发挥党组织的政治核心作用，探索职工民主管理的有效途径。

（四）试点经验要有利于推广，不能吃偏饭。试点的经验将为我国有关立法、经济政策的制定提供重要的依据。这次国务院确定的试点企业中，多数是经营好、效益好的企业，也有一部分是问题比较多、亏损的企业，这样安排，就是为了使试点工作更具有典型意义和代表性。试点要有突破和创新，不能再靠减税让利等优惠政策。突破创新不是吃偏饭，"先行一步"也不是吃偏饭。试点经验要有推广的价值。试点企业要在平等竞争的条件下，通过试点，转换经营机制，加强管理，努力提高市场竞争力和经济效益。

（五）试点主要靠企业自己来试，政府以创造外部环境和指导为主。建立现代企业制度的主体是企业，试点工作要依靠广大职工和管理者的积极性、智慧和创造力。各级政府及有关部门要解放思想，创造条件，以邓小平同志提出的"三个有利于"为标准，从实际出发，鼓励和支持试点企业大胆探索。同时，各地区、各部门主要领导要深入实际、调查研究、总结经验，制订政策、办法和措施，加强指导，积极稳步地推动试点工作健康发展，争取在两年内试出成果，把企业改革再大大向前推进一步。

（六）在抓好试点工作的同时，要抓好面上的企业改革。

也是在全国建立现代企业制度试点工作会议上，时任国务院副总理朱镕基发表了《现代企业制度改革试点的几个问题》讲话（1994年11月4日）。同一场工作会上，两位国务院副总理发表讲话，足见这一问题的重要性。

他提到，党中央、国务院对这次会议非常重视，江泽民同志亲自主持中央财经领导小组会议，讨论了现代企业制度改革试点问题，通过了国务院提出的方案。这句话释放的信息量是，现代企业制度改革试点方案由国务院提出，并在中央财经领导小组会议上通过。即党和政府的最高层关注这一话题。这种强大的政治势能，为顺利推进工作提供了基础。

这次试点，分中央抓的和地方抓的两种。朱镕基说，我希望这次试点，中央各部门和地方政府少管一点。加强领导不等于什么事都管，管好班子最重要。还是三条：坚持和完善厂长（经理）负责制，发挥企业党组织的政治核心作用，全心全意依靠工人阶级。政府少管不等于撒手不管，要认真搞好试点，要监督、推动，但不要瞎指挥。

中央抓的和地方抓的试点工作如何结合？这是一个现实问题。朱镕基说，建立现代企业制度试点确实应认真探索，也很难说是一个模式，还要经过实践检验。各地面上的试点企业应逐步向国务院的方案靠拢，不妨碍各自探索新的经验、新的办法，但不能违背国家法律和政策的原则规定。全国的试点工作由国家经贸委牵头，省里的试点由省政府自己决定。中央各部门不要给省里下通知，要求自己的对口部门如何如何办，否则地方政府就很难办了。总之，为了共同的目标，大家要团结，要协作，多商量，同心同德，把建立现代企业制度的改革试点工作抓好。

这段讲话中，朱镕基提到了处理中央试点和地方试点的策略性做法。一是各地试点应逐步向国务院方案靠拢；二是各地仍可探索新的经验、新的方法；三是全国试点由国家经贸委牵头，省里的试点由省政府自己决定；四是中央部门不要给省里下通知，要给地方政府留自由空间。整体看，中央给地方留下较多自由度。

全国建立现代企业制度试点工作会议召开后20余日，1994年11月28日，全国经济工作会议召开。会上，李鹏总理作了题为《继续加强和改善宏观调控，确保明年国民经济持续、快速、健康发展》的讲话。他重点谈及现代企业制度试点工作。他指出，中央和省市分别选择一批企业，进行建立现代企业制度的试点，同时对现有股份制公司、特别是上市公司进行规范。试点和规范企业要相对集中，防止过多过滥。要注意把企业改制和改造结合起来。

一个月后，国务院副总理李岚清在庆祝经济技术开发区举办十周年座谈会上的讲话（1994年12月24日）中也谈及现代企业制度试点工作：从改革方面看，要把改革的重点转到企业改革上来，按照建立现代企业制度的要求，首先做好一百家现代企业制度改革的试点工作，将企业的改制、改组、改造和产业结构调整结合起来,力求在政企分开、搞好企业内部经营管理和建立社会保障体系三个关键环节上有新的进展,使我国社会主义市场经济体制的基础更加稳固。

1994年一年内,中央领导在全国两会、中央财经领导小组会议、全国建立现代企业制度试点工作会议、全国经济工作会议、庆祝经济技术开发区举办十周年座谈会等多次与经济工作有关的会议上谈及现代企业制度试点工作,足见这一工作的重要性。

时间到了1995年。当年3月5日《政府工作报告》谈及过去一年工作时,重点提到:国务院和省(自治区、直辖市)政府分别选择一批企业,进行建立现代企业制度的试点。国务院将选择几个行业,试行国家控股公司制度。对现有的股份制公司要依法进行规范,把企业改组、改制和改造结合起来。要认真总结和积极推广试点中的成功经验,推进面上的企业改革。

1995年,江泽民5月"到了上海、江苏、浙江",6月"又到了辽宁、吉林、黑龙江","前后考察了近五十个企业,召集了十多次座谈会、汇报会,主要听取省、市和企业的意见,研究进一步推进企业特别是国有大中型企业的改革和发展问题"。考察后,他发表的讲话《坚定信心,明确任务,积极推进国有企业改革》(1995年5月22日、6月26日)中谈道:建立现代企业制度是企业改革的重大探索,我们还缺乏经验,需要选择一批企业进行试点。国务院确定了一百家试点企业,各地也选择了一批试点企业,目的是使这些企业的改革先行一步,争取在一些改革的重点和难点方面取得突破,为进一步深化企业改革提供经验和办法。在这个探索过程中有些不同的看法是正常的。重要的是要大胆去试，大胆去闯，并在实践中及时发现问题，总结经验，使改革不断深入。国有企业的情况千差万别，要坚持从实际出发，不要搞"一阵风"、"一刀切"、一个模式。不同地区、不同企业，改革的侧重点可以有所区别。

这里的信息很明确，"探索过程中有些不同的看法是正常的"，"要坚持从实际出发，不要搞'一阵风'、'一刀切'、一个模式"。

1995年7月19日，国务院批转国家体改委《关于一九九五年经济体制改革实施要点》的通知，在第一条"深化国有企业改革，进一步发挥国有大中型企业的骨干和主导作用"中谈了五项试点工作，其中第一项试点即为"国务院确定的一百户国有大中型企业建立现代企业制度"：抓好国务院确定的一百户国有大中型企业建立现代企业制度、三户国家控股公司、一户综合商社、五十六家企业集团、十八个城市的"企业优化资本结构"等试点工作。

1995年9月25日，李鹏所作的《关于制定国民经济和社会发展"九五"计划和2010年远景目标建议的说明》中提到，中央和省、市、自治区已确定的2000多家现代企业制度试点，以及18个试点城市，要继续做好，及时总结和积极推广试点的经验，以点带面，促进面上更多的企业逐步建立现代企业制度。现在国务院正在集中力量抓好全国1000户国有大型企业和企业集团的改革和发展。在这当中的800多家工业企业，占全国国有工业总资产的百分之六十三，销售收入的百分之七十，利税的百分之七十四。这些大型企业和企业集团一般都是国家独资或国家控股的，搞好了也就抓住了大头，有利于壮大国有经济实力，增强国家对国民经济的调控能力。

1996年3月5日，李鹏《关于国民经济和社会发展"九五"计划和二〇一〇年远景目标纲要的报告》中强调："第一，建立现代企业制度，搞好国有企业的改革和发展。"其中提到，要继续抓好中央和地方确定的企业试点工作，务必在重点、难点问题上取得突破。

两天后，国务院批转国家经贸委《关于一九九六年国有企业改革工作的实施意见》的通知要求，近期要集中力量抓好建立现代企业制度的试点，其他企业要加强内部管理，做好各项基础性工作，做到点面结合，因地制宜，分类指导，配套推进，务求在重点难点上取得突破。为此，1996年国有企业改革要做好以下几方面的工作。其中第一方面即"抓好各项企业改革试点工作"。明确提到：集中力量抓好国务院确定的一百户国有大中型企业建立现代企业制度的试点工作，抓紧制订各项配套办法；同时抓好各地区、各有关部门选定的企业建立现代企业制度试点的有关工作。要抓紧落实试点实施方案及相应改革措施，在政企分开、转换机制、转变职能、配套改革、加强管理上狠下功夫，在重点难点上取得突破，为国有企业建立现代企业制度积累经验。

两个月后，1996年5月4日，江泽民在《加快国有企业改革和发展步伐》讲话中指出，国有企业的改革不断深化。特别是近几年来，各地区、各部门积极推进国有企业改革和发展，建立现代企业制度的试点工作已经全面展开，试点的内容和范围逐步扩大，并取得了初步成效。具体而言，改革中的一些重点、难点问题已基本理清,并采取了一些相应的措施,在调整企业资产负债结构,实行兼并、破产,减轻企业办社会负担和分流富余人员等方面都进行了有益的探索。国有经济结构调整和国有企业战略性改组有所进展。按照从整体上搞活国有经济的要求,优化产业结构,培育新的经济增长点,形成了国有经济的新优势,出现了一批有活力有实力的大型企业和企业集团,并在国内外两个市场竞争中发展壮大。

1997年3月26日,《国家经贸委关于一九九七年国有企业改革与发展工作的意见》指出,1997年国有企业改革与发展工作,要按照建立社会主义市场经济体制的要求,认真总结改革试点经验。按《意见》要求,要认真总结建立现代企业制度试点经验。国务院确定的一百户国有大中型企业建立现代企业制度试点工作开展以来,为探索企业改革和企业制度的创新积累了经验,试点工作1997年底可以告一段落,有关部门要认真总结试点经验,进一步深化、完善建立现代企业制度的工作。

从1993年底到1997年底,现代企业制度试点告一段落。这次试点涉及大量单位、地方、领域和相关会议,涉及中央抓的和地方抓的试点工作如何结合,如何加强对企业改革的领导,下岗职工如何再就业等大量具体工作。现代企业制度的建立,不是一朝一夕之事。试点只是一个开始。

国有企业破产试点。根据《中共中央关于经济体制改革的决定》,要鼓励各地区、各部门和各单位进行改革的探索和试验,但一切涉及全局或广大范围的改革要经国务院批准才能进行。国有企业破产试点,首先是国务院的要求。

国企破产是一代人的深刻记忆。1994年10月25日,《国务院关于在若干城市试行国有企业破产有关问题的通知》指出，为配合在十八个城市（上海、天津、齐齐哈尔、哈尔滨、长春、沈阳、唐山、太原、青岛、淄博、常州、蚌埠、武汉、株洲、柳州、成都、重庆、宝鸡）进行企业优化资本结构试点工作的开展，建立和完善企业优胜劣汰机制，指导和规范这些城市国有企业破产工作。

10 天后的 11 月 4 日，朱镕基在《现代企业制度改革试点的几个问题》讲话中指出，搞好国有企业需要逐步做到企业能破产、职工能辞退，解决好这两个问题，企业效益才可能上去。做到这两点，必须有配套政策。破产企业的人员要妥善安置，工人的基本生活要有保障，否则社会不稳定。

他直言，企业破产是个难题。《中华人民共和国企业破产法》为什么难以执行？主要是职工的安置问题。原来规定企业破产的拍卖所得首先用于偿还银行债务，这是正确的。但职工得不到安置，就会影响社会安定。现在为推动这项工作，应有新的思路。财产的拍卖所得首先要用于安置职工，然后再用于偿还银行债务。拍卖要包括土地的使用权。亏损企业不少在城市中心，土地使用权很值钱，企业破产后安置职工绰绰有余。当然，这样搞，银行财产要受到很大损失，但不付出这个代价，企业长期亏损下去，银行的债务不但不能偿还，还会不断增加。要想得远一点，想得开一点。

破产需要试点。朱镕基说，破产要有领导、有组织、有步骤地进行，先在国家经贸委组织的十八个试点城市里试点。企业破产后，厂长应该免职或降职。把厂子搞垮了，厂长却升官，是不公平的。我们要坚持一条：企业破产试点先在十八个试点城市内进行，银行参加。省、市级银行不能决定企业破产，必须报总行批准。我认为破产机制非常重要，今年把破产试点搞好，明年再扩大试点范围，每个城市有两三个企业破产，这对全市的国有企业都会有大的震动，对推动建立现代企业制度会起很好的作用。这件事很复杂，只能经过试点逐步实施，千万不能刮风。

试点范围随着需要而扩大。1996年3月7日，国务院批转国家经贸委《关于一九九六年国有企业改革工作的实施意见》的通知中强调，抓好若干城市的企业"优化资本结构"试点工作。将国务院确定的企业"优化资本结构"试点城市，由十八个城市扩大到五十个城市。三十二个扩大试点城市名单，北京、石家庄、呼和浩特、大连、南京、杭州、宁波、合肥、福州、厦门、南昌、济南、郑州、长沙、广州、深圳、南宁、海口、贵阳、昆明、西安、兰州、西宁、乌鲁木齐、银川、鞍山、抚顺、本溪、洛阳、吉林、包头、大同。

1997年1月8日，朱镕基在《大力推进企业改革，积极实施再就业工程》讲话中提到，要进一步规范企业破产政策，加大企业兼并和减员增效的力度。破产工作立法比较早，1986年就制定了《中华人民共和国破产法（试行）》。这个法本身很好，但没有解决好破产企业职工安置的问题。《破产法》规定，破产企业职工安置问题由国务院另行规定。这恰恰是一个最关键的问题，职工不能妥善安置，企业就无法破产。1994年出台了《国务院关于在若干城市试行国有企业破产有关问题的通知》，明确了解决职工安置问题。这个文件最大的特点，就是规定土地使用权拍卖所得首先用于安置职工。

谁来牵头试点？有的同志讲，试点城市经贸委牵不了这个头。朱镕基态度鲜明：我看，经贸委要大胆牵起头来。牵头无非就是要客观一点，公正一点，要有全局观念，要有民主作风，多听大家意见，最后做一个决断。如果决定不了，就层层上报，由国家经贸委来决定，决定不了的，提交国务院国有企业改革工作联席会议研究决定。不要有顾虑，经贸委应大胆地牵这个头。

他不主张试点城市市长作组长。他说，我觉得市长要超脱一点，可以指导工作，但不要下命令，还是由经贸委去牵头，让经贸委多听听各方面的意见，在协商的基础上做出决定，并付诸实施，这样各方面都比较满意。有矛盾没关系，矛盾解决不了可以上交，由上面解决。当然，各方面的同志要很好地配合，要坚持原则，国有资产不能流失，该讲的话要讲，不能拿国有资产作人情，但国务院的决定必须服从。

1997年3月2日，国务院《关于在若干城市试行国有企业兼并破产和职工再就业有关问题的补充通知》中提到，国务院强调：《破产通知》文件中有关破产方面的政策，只适用于国务院确定的企业，"优化资本结构"试点城市范围内的国有工业企业。非试点城市和地区的国有企业破产，只能按照《破产法》的规定实施，即破产企业财产处置所得，必须用于按比例清偿债务，安置破产企业职工的费用只能从当地政府补贴、民政救济和社会保障等渠道解决。非国有企业的破产，要严格按照《中华人民共和国民事诉讼法》实施。

相关工作需要领导小组。从补充通知可知，企业兼并破产和职工再就业工作的组织领导方面，国家经贸委负责全国企业兼并破产和职工再就业的组织协调工作。为加强对试点城市企业兼并破产和职工再就业工作的组织领导，成立全国企业兼并破产和职工再就业工作领导小组（以下简称全国领导小组），由国家经贸委（组长）、国家体改委、财政部、劳动部、中国人民银行、国家土地局、国家国有资产管理局等部门组成，并邀请全国人大法工委、最高人民法院参加。

地方层面，省、区、市成立由经贸委（经委、计经委，下同）为组长，有关部门组成，并邀请省、区、市人大法工委、高级人民法院参加的省、区、市协调小组。其主要职责是：负责本地区试点城市企业兼并破产和职工再就业工作的组织协调；审核试点城市《企业兼并破产和职工再就业工作计划》，制订本省、区、市《企业兼并破产和职工再就业工作计划》。

城市层面，试点城市成立由市经贸委（组长）、体改委、财政局、中国人民银行和各债权银行分行、劳动局、土地局、国有资产管理局等部门组成，并邀请市人大法工委、人民法院参加的试点城市企业兼并破产和职工再就业工作协调小组（以下简称试点城市协调小组）。其主要职责是：负责企业兼并及进入破产程序前、终结后和职工再就业工作的组织协调；制订本市《企业兼并破产和职工再就业工作计划》；负责制订企业破产预案；组织实施企业兼并和职工再就业工作；监督、查处、纠正不规范的做法。

工作计划需要编制。试点城市《企业兼并破产和职工再就业工作计划》每年编制一次。试点城市要在十一月底以前将下一年度本市《企业兼并破产和职工再就业工作计划》报省、区协调小组；由省、区协调小组审核汇总后，在十二月底以前报全国领导小组。全国领导小组在审核省、区、市《企业兼并破产和职工再就业工作计划》的基础上，统筹研究制订当年《全国企业兼并破产和职工再就业工作计划》，报国务院国有企业改革工作联席会议审议，一般应于二月底以前下达。《全国企业兼并破产和职工再就业工作计划》下达后，由全国领导小组会同有关部门和省、区、市人民政府，对各试点城市计划的执行情况负责检查落实。

按要求，各试点城市《企业兼并破产和职工再就业工作计划》批准下达后，在执行中不得突破经过批准的计划规模，需要在计划规模内进行调整的，由省、区、市协调小组审核并汇总后，报全国领导小组审定。

各省、区、市和试点城市协调小组每季度要向全国领导小组报告一次企业兼并破产和职工再就业工作计划执行情况；中国人民银行总行每季度要向国务院国有企业改革工作联席会议报告一次呆、坏账准备金核销情况。

企业破产，需要预案的制订。《补充通知》要求，各试点城市要依据《全国企业兼并破产和职工再就业工作计划》，由拟破产企业主管部门负责向试点城市协调小组提供制订企业破产预案所需材料。其主要内容包括：企业概况，会计报表及亏损情况说明，债权、债务状况，资产处置方案，职工安置渠道及费用标准，拟核销呆、坏账准备金数额等。

试点城市协调小组制订企业破产预案后，方可进入破产程序，并报省、区、市协调小组备案。主要债权银行对企业破产预案有异议的，须提请省、区、市协调小组决定，同时将情况报全国领导小组备案。经省、区、市协调小组协调仍不能形成决议的，报全国领导小组决定。

此外，补充通知提出，加大鼓励企业兼并的政策力度。国家鼓励优势企业兼并困难企业，兼并企业要全部承担被兼并企业的债务并负责人员安置，不能搞"假破产、真逃债"的"整体接收"或"整体收购"方式。被兼并企业的富余职工也要实行下岗分流，下岗职工进入兼并企业再就业服务中心。

企业破产，异常艰难。"对于改革的措施，我们的方针是：经过试点，总结经验，通过实践来检验是否正确，是否能够促进生产力的发展，然后再决定是否进行推广。"①

再看看其他方面试点。

试办经济特区。1980年5月16日，中共中央和国务院批准《广东、福建两省会议纪要》，决定在广东省的深圳市、珠海市、汕头市和福建省的厦门市，各划出一定范围的区域，试办经济特区。《纪要》认为，中央决定对广东、福建两省在对外经济活动中实行特殊政策和灵活措施，是改革经济体制的一种试验。其特点，一是财政和外汇收入实行定额包干；二是物资、商业在国家计划指导下适当利用市场的调节；三是在计划、物价、劳动工资、企业管理和对外经济活动等方面，扩大地方权限；四是试办经济特区，积极吸收侨资、外资，引进国外先进技术和管理经验。试办经济特区，必须采取既积极、又慎重的方针，逐步实施。经济特区的管理，在坚持四项基本原则和不损害主权的条件下，可以采取与内地不同的体制和政

---

① 李鹏：《改革开放要沿着健康的轨道前进——在全国经济体制改革工作会议上的讲话》，《中华人民共和国国务院公报》1990年第4期。

策。特区主要是实行市场调节。中央批示指出：一年来的实践证明，中央决定广东、福建两省在对外经济活动中实行特殊政策和灵活措施是正确的，成绩是显著的。8月26日，第五届全国人大常委会第十五次会议决定：批准国务院提出的在广东省深圳、珠海、汕头和福建省厦门设置经济特区，并批准《广东省经济特区条例》。

农村税费改革。2003年10月14日中国共产党第十六届中央委员会第三次全体会议通过《中共中央关于完善社会主义市场经济体制若干问题的决定》提出，深化农村税费改革。农村税费改革是减轻农民负担和深化农村改革的重大举措。完善农村税费改革试点的各项政策，取消农业特产税，加快推进县乡机构和农村义务教育体制等综合配套改革。在完成试点工作的基础上，逐步降低农业税率，切实减轻农民负担。次年3月23日，国务院召开全国农业和粮食工作会议，作出部署：2004年在黑龙江、吉林两省先行免征农业税改革试点；河北、内蒙古、辽宁、江苏、安徽、江西、山西、山东、河南、湖北、湖南、四川12个粮食主产省（区）降低农业税税率一个百分点。沿海及其他有条件的地区也可以进行免征农业税试点。同时对重点粮食品种实行最低收购价。2005年6月6日—7日，全国农村税费改革试点工作会议在北京召开。温家宝在会上强调，农村税费将进入新的阶段，巩固农村税费改革成果，积极稳妥推进以乡镇机构、农村义务教育和县乡财政体制为主要内容的综合改革试点。12月29日，十届全国人大常委会第十九次会议决定，自2006年1月1日起废止《中华人民共和国农业税条例》。

股份制企业试点。1992年4月28日,国务院发出关于批转国家体改委、国务院生产办公室《关于股份制企业试点工作座谈会情况的报告》的通知,指出股份制企业试点工作是一项政策性强、涉及面广的重要改革,因此必须加强领导,既要大胆试验,又要稳步推进,严格按照规范化的要求进行。《关于股份制企业试点工作座谈会情况的报告》提出下一步进行股份制试点的指导思想是:坚决试,不求多,务求好,不能乱。严格按照基本规范进行试点,试出效果来。《报告》提出:向社会公开发行股票、股票上市交易的股份制企业的试点,目前仅限于上海、深圳两市;向社会公开发行股票、股票不上市交易的股份制企业的试点,目前限定在广东、福建、海南三省;其他地方主要进行法人持股的股份制企业和企业内部职工持股的股份制企业的试点。据《报告》公布的材料,我国的股份制企业是随着社会化生产程度的提高和社会主义商品经济的发展而诞生和发展起来的,是经济体制改革的产物。80年代初期,一些企业突破地区、部门和所有制的界限,相继组建各种形式的联合体。企业之间的横向联合,逐步从单纯的生产技术协作发展到以资金、技术、设备等投资入股。还有一些企业,以股份的形式集资开发项目或组建新的企业。1984年以后组建的股份制企业,规模有了较大的发展。1984年11月,由上海电声总厂发起成立的上海飞乐音响公司,向社会公开发行股票,成为新中国成立后第一家较规范的股份制有限公司。1986年9月,中国工商银行上海信托投资公司静安证券部挂牌进行股票的柜台交易,成为新中国首次进行的股票市场交易。1987年以后,各地股份制企业的试点迅速增多。1989年中国经济进入治理整顿阶段，股份制企业组建和试点工作的重点转为完善和提高。到 1992 年年初，全国共有各种类型的股份制企业 3220 家（不含乡镇企业中的股份合作制企业和中外合资、国内联营企业）。其中企业之间法人持股和内部职工持股的试点企业约占股份制企业总数的 95% 以上。

事实证明，中国的各项改革，"充分发挥中央和地方两个积极性。我国幅员辽阔、人口众多，各级各地情况千差万别。一方面，要加强中央的集中统一领导，加强顶层设计、整体谋划，条件成熟的加大力度突破，条件暂不具备的先行试点，做好与其他各领域改革的衔接，做到全国一盘棋，行动一致；另一方面，也要充分考虑各地实际，调动和发挥地方积极性和创造性，鼓励地方和基层结合当地实际，因地制宜积极探索。对具有普遍意义的做法，要总结经验，及时在全国推广"①。

三、文化体制改革试点

在文化领域，校长负责制、研究生培养、知识创新工程（中国科学院）、高考改革、助学制度、文化体制改革试点等方面的试点，牵涉广泛，影响重大，颇受关注。

知识创新工程试点。1998 年 6 月 9 日，国家科技教育领导小组举行首次会议，会议审议并原则通过了中国科学院关于开展"知识创新工程"试点的汇报提纲。试点工作分三个阶段，1998 年至 2000 年为启动阶段；2001 年至 2005 年为全面推进阶段；2006 年至 2010 年为优化完善阶段。2010 年 3 月 31 日，时

---

① 刘鹤：《深化党和国家机构改革是一场深刻变革》，《人民日报》2018 年 3 月 12 日。

任国务院总理温家宝主持召开国务院常务会议，听取中国科学院关于实施知识创新工程进展情况的汇报，会议决定2011年至2020年要继续深入实施知识创新工程，着力解决关系国家长远发展的重大科技问题。

高考改革试点。1998年《面向21世纪教育振兴行动计划》中提出，加大招生和毕业生就业制度改革力度，有计划、有步骤地推进高等学校招生考试制度的改革。要从有利于中小学实施素质教育、高等学校公平选拔合格人才、扩大高等学校办学自主权和社会稳定的原则出发，进行高考科目、内容、方法和制度的改革试点，增加对学生能力和综合素质的考核份量，探索适合不同地区和学校特点的高等学校招生、考试、评价的方法和制度。进行高等职业教育"学校面向市场自主办学，学生自谋职业"的试点。到2000年左右，建立起比较完善的由学校和有关部门推荐、学生和用人单位在国家政策指导下通过人才劳务市场双向选择、自主择业的毕业生就业制度。

1999年6月13日，中共中央、国务院关于深化教育改革全面推进素质教育的决定中明确，加快改革招生考试和评价制度，改变"一次考试定终身"的状况。改革高考制度是推进中小学全面实施素质教育的重要措施，按照有助于高等学校选拔人才、中小学实施素质教育和扩大高等学校办学自主权的原则，积极推进高考制度改革。进行每年举办两次高等学校招生考试的试点。高考科目设置和内容的改革应进一步突出对能力和综合素质的考查。鼓励有条件的省级人民政府进行多种形式的高考制度改革试验，扩大学校的招生自主权和考生的选择机会。逐步建立具有多种选择的、更加科学和公正的高等学校招生选拔制度。

2001年6月11日,李岚清在《深化基础教育改革,加快素质教育步伐,为现代化建设提供人才储备和智力支持》讲话中强调,教育部对高考改革已经进行了试点,今后要在总结经验的基础上,不断加以完善。任何高考都要体现衡量学生全面素质的要求,考试的内容都不能超出课程标准。既要有统一的考试,也要有选择性的考试。

文化体制改革。2003年6月28日,李长春《在文化体制改革试点工作会议上的讲话》中指出,这次会议的任务是,落实党的十六大提出的深化文化体制改革的要求,研究部署全国文化体制改革试点工作。

他强调了几点意见。其中第三点是"以体制和机制创新为重点搞好文化体制改革试点工作"。要求以点带面,就是要先搞好试点,发挥典型的示范引导作用,不断总结经验,逐步推开,不要一哄而起。统筹兼顾,就是要使文化体制改革与经济体制改革相衔接,与其他相关方面的改革相衔接,与国家现行的法律法规体系相衔接,与世贸组织的贸易规则相衔接,与治散治乱、调整结构和促进发展相结合。同时,要充分考虑文化的特殊性和我国的国情,按照既符合社会主义精神文明建设的特点和规律,又要适应社会主义市场经济发展的要求,制定相应的配套措施。

在第四点"加强对文化体制改革试点工作的领导"中提出,中央确定进一步搞好文化体制改革试点工作,是推进改革的重要一步。为此,提出以下要求。一是要增强光荣感和责任感。中央对试点工作十分重视。中央政治局常委会专门讨论了试点工作的意见，并要求在试点的基础上，制定全国文化体制改革的总体方案。各试点单位是中央宣传部会同有关部门经过反复酝酿，既考虑试点地区和单位的战略地位、工作基础、区域布局，也考虑了班子的基础、创新意识等因素，经中央同意确定下来的。试点单位担负着出经验、出成果的重任，直接关系到全国文化体制改革总体方案的制定和改革的进程。

对于试点中出现不足怎么办？讲话指出，文化体制改革是一项新工作，在探索和试验过程中，难免会有这样那样的不足，甚至失误，要注意保护好干部群众的改革热情，鼓励探索，鼓励创新，鼓励试验。发现问题及时纠正，力求少走弯路，不走大的弯路。

组织领导方面，中央确定组成文化体制改革试点工作领导小组，日常工作由中央宣传部牵头，各行政主管部门齐抓共管。各试点地区要形成党委统一领导，政府大力支持，宣传部组织协调，各部门各负其责的领导体制。各级党委要把试点工作摆到重要日程，深入研究，作出部署，切实加强对文化体制改革试点工作的领导。要注意处理好改革、发展和稳定的关系，确保改革健康发展。各级领导要身体力行，深入到试点工作第一线，加强指导、督促检查、总结经验、狠抓落实。文化体制改革涉及许多部门，涉及各方面利益，各有关部门和单位，要从改革和发展的大局出发，主动配合，相互支持，为搞好改革试点工作做出贡献。

2003年12月6日，李长春在全国宣传思想工作会议上的讲话中再次强调，积极推进文化体制改革，认真做好试点工作，促进文化事业和文化产业的发展，着力抓好精神文化产品的创作生产，推出一批优秀作品，进一步丰富人民群众的精神文化生活。

一年后，2004年12月17日，李长春在《巩固成果，抓住机遇，努力开创宣传思想工作新局面》讲话中提到，要认真总结试点工作经验，推出一批改革典型，为推动文化体制改革提供示范。综合试点省市要抓紧全面推进文化体制改革，其他有条件的地方也要发挥主动性创造性，加快改革进程。

再一年后，2005年12月23日，中共中央、国务院关于深化文化体制改革的若干意见提到，经过两年多的探索，试点工作取得了明显成效，为全面开展文化体制改革奠定了工作基础。

四、社会体制改革试点

社会领域试点极为多样，这包括住房、三峡库区进行开发性移民、异地开发扶贫、城镇职工医疗保险制度改革、再就业工程、企业职工养老保险、社会医疗保障制度、住房制度改革、西部地区"少生快富"工程、城镇社会保障体系、资源型城市经济转型、节水型社会建设、农村集体建设用地整理、循环经济示范、农村综合改革、社区矫正、城乡一体化劳动力市场、完善城镇社会保障体系、新型农村合作医疗制度、城镇居民基本医疗保险、新型农村社会养老保险、扶贫试点、城镇居民养老保险试点、新型农村社会养老保险等。

住房商品化试点。1988年12月5日，李鹏在《把建设和改革的重点切实放到治理经济环境和整顿经济秩序上来》讲话中指出，住房商品化、出售部分国有小企业产权等改革措施，对于转移和分流社会购买力、改善消费结构和产业结构，都具有一定的作用。这些改革，需要有一个过程，但都要制定方案，进行试点，总结经验，为逐步深入这方面的改革创造条件。

次年3月4日，国务院批转国家体改委关于1989年经济体制改革要点的通知中强调，继续抓好综合、专项改革试点工作。总结广东、福建、海南改革开放试验区和若干有代表性的综合改革试点城市的经验，研究新情况、新问题，提出进一步搞好试点的新要求。积极推进产权制度、税利分流、市场组织、政府机构、住房商品化以及建立社会保障体系等方面的专项改革试点，及时总结经验，做好在面上推广的准备。

1991年10月17日，《国务院住房制度改革领导小组关于全面推进城镇住房制度改革的意见》要求，条块、点面关系问题。中央和国务院各部门要积极支持所属企事业单位进行房改，地方政府也要适当照顾到各部门的特点。试点地区和单位要继续先行改革，摸索经验。对于不同市、县，不同单位在提租补贴等方面出现的交叉和辐射问题，要坚持后改的支持先改的，改革步子小的支持改革步子大的。

1992年3月20日，李鹏在《政府工作报告》中指出，"扩大和加快了住房制度和社会保障制度等方面的改革试点"。1998年7月3日，国务院关于进一步深化城镇住房制度改革加快住房建设的通知要求，要在对城镇职工家庭住房状况进行认真普查，清查和纠正住房制度改革过程中的违纪违规行为，建立个人住房档案，制定办法，先行试点的基础上，并经省、自治区、直辖市人民政府批准，稳步开放已购公有住房和经济适用住房的交易市场。已购公有住房和经济适用住房上市交易实行准入制度,具体办法由建设部会同有关部门制定。

再就业工程试点。

2002年9月13日,朱镕基在《切实做好再就业和社会保障工作》讲话指出,党中央、国务院一贯非常重视再就业工作。党的十四大明确提出建立社会主义市场经济体制的改革目标,加快推进国有企业改革以后,江泽民等中央领导同志反复强调在深化改革中,一定要做好再就业工作。中央相继制定了一系列正确的方针、政策和措施。

朱镕基总结了进程。1993年,开始在三十个城市进行再就业工程的试点。1995年4月,国务院办公厅转发劳动部的报告,在全国普遍实施再就业工程。1997年1月,针对当时企业兼并破产增加、下岗职工增多的情况,国务院召开了全国国有企业职工再就业工作会议,提出国有企业兼并破产的关键和工作重点是下岗职工的再就业。

从在三十个城市试点,然后全国普遍实施,再到召开相关工作会议,这是一条成熟的、行之有效路径。

1997年9月,江泽民同志在党的十五大报告中进一步明确指出,加快推进国有企业改革,必须"实行鼓励兼并、规范破产、下岗分流、减员增效和再就业工程,形成企业优胜劣汰的竞争机制"。

1997年底的中央经济工作会议再次强调,坚定不移地走这条路子,是搞好国有企业的必由之路和根本措施,并提出成立再就业服务中心,保证下岗职工基本生活费,进行再就业培训,帮助他们逐步重新就业,绝不能把他们简单地推向社会,撒手不管。

1998年5月，党中央、国务院召开国有企业下岗职工基本生活保障和再就业工作会议，确定按"三三制"原则筹集下岗职工基本生活保障资金，采取多渠道、多形式促进再就业，并规定在资金信贷、税负减免、工商登记和场地安排等方面，对下岗职工再就业给予扶持。

1998年到2001年，通过"三三制"全国共筹集资金八百四十七亿元用于这两个方面，其中，中央财政投入四百三十四亿元，地方财政投入二百一十亿元。今年中央财政预算安排用于这两方面的资金达一百三十九亿元，是一九九八年的一点八三倍。

朱镕基总结说，这些方针和政策措施，有力地促进了国有企业改革和脱困三年目标的基本实现，推动了经济结构调整和产业升级，保证了绝大多数下岗职工的基本生活，并使大部分下岗职工通过多种途径实现了再就业，维护了社会稳定。实践充分证明，中央确定的方针和政策措施是完全正确的。

2002年9月30日，中共中央、国务院关于进一步做好下岗失业人员再就业工作的通知要求，各级政府要继续按照"三三制"原则落实下岗职工基本生活保障资金，努力扩大社会保险覆盖范围，加强社会保险费的征缴，进一步巩固"两个确保"，不得发生新的拖欠。中央财政对中西部地区和老工业基地，继续通过专项转移支付的方式给予支持。

2004年9月3日，黄菊在《总结经验，发扬成绩进一步做好就业再就业工作》讲话中指出，要努力完善城镇职工基本养老保险制度、基本医疗保险制度和失业保险制度，扩大各项社会保险的覆盖面。要积极稳妥地推进完善城镇社会保障体系试点工作。认真总结辽宁省社保试点的经验做法，完善政策措施，做好黑龙江、吉林两省扩大试点的工作、要特别重视社会保险政策与就业政策的衔接配套，形成社会保障和就业再就业相互促进的良性机制。合理确定各项社会保障的标准，使其既能满足基本生活的需要，又有利于促进就业再就业。充分发挥失业保险对再就业的重要促进作用，有条件的地区可积极探索失业保险基金向"三个方面延伸"的办法，将失业保险基金更大范围地用于促进再就业，配合国有企业实施主辅分离输业改制分流安置富余人员，以及下岗职工基本生活保障的社保援助。

2005年11月4日，《国务院关于进一步加强就业再就业工作的通知》指出，"在有条件的地区开展城乡一体化劳动力市场的试点工作"。进一步发挥失业保险制度促进再就业的功能。东部地区在认真分析失业保险基金收支、结余状况，统筹考虑地方财政就业再就业资金安排的前提下，可以结合本地实际进行适当扩大失业保险基金支出范围试点，具体办法由劳动保障部、财政部制定。

城镇居民基本医疗保险。

2007年3月5日，温家宝在《政府工作报告》中指出，启动以大病统筹为主的城镇居民基本医疗保险试点，政府对困难群众给予必要的资助。4个月后，7月10日，《国务院关于开展城镇居民基本医疗保险试点的指导意见》公布。意见指出，2007年在有条件的省份选择2至3个城市启动试点，2008年扩大试点，争取2009年试点城市达到80%以上，2010年在全国全面推开,逐步覆盖全体城镇非从业居民。要通过试点,探索和完善城镇居民基本医疗保险的政策体系,形成合理的筹资机制、健全的管理体制和规范的运行机制,逐步建立以大病统筹为主的城镇居民基本医疗保险制度。从原则上看,试点工作要坚持低水平起步,根据经济发展水平和各方面承受能力,合理确定筹资水平和保障标准,重点保障城镇非从业居民的大病医疗需求,逐步提高保障水平;坚持自愿原则,充分尊重群众意愿;明确中央和地方政府的责任,中央确定基本原则和主要政策,地方制订具体办法,对参保居民实行属地管理;坚持统筹协调,做好各类医疗保障制度之间基本政策、标准和管理措施等的衔接。

参保对象为不属于城镇职工基本医疗保险制度覆盖范围的中小学阶段学生、少年儿童和其他非从业城镇居民。筹资方式以家庭缴费为主,政府给予适当补助。重点解决参保居民住院和门诊大病医疗支出。2011年政府补助标准达到每人每年200元,参保人数达到2.2亿,政策范围内住院费用报销比例和开展门诊统筹地区比例分别达到70%和85%。

五、生态体制改革试点

退耕还林还草、煤炭消费总量控制、土壤污染治理与修复、生态文明建设、水产养殖生态环境修复、生态补偿(丹江口库区及上游地区、淮河源头、东江源头、鄱阳湖湿地等)、退耕还林等,生态领域的试点同样不少,而且"起步"不晚。

退耕还林还草。1999年9月6日—12日,朱镕基在《保护天然林资源是刻不容缓的任务》讲话中提到,对退耕还林的农民要认真落实补偿和扶持政策。国家在一定时期内给予农民粮食补助。要抓住当前全国粮食供过于求、粮食库存充裕的机遇，以粮食换森林。要看到森林恢复、生态改善后，粮食将会得到更大增产的良性循环。造林护林要承包到户、到人，建立严格的责任制，做到责权利统一。要抓紧研究"以粮代赈"的具体办法，先行试点，总结经验，逐步推广。

几个月后，2000年1月22日，朱镕基在《统一思想，明确任务，不失时机实施西部地区大开发战略》中说，退耕还林还草这件事涉及农民的切身利益，政策性强，务必周密筹划，精心组织，做过细的工作。要加强政策引导，尊重群众意愿，农民不愿意退就不要退，不能搞强迫命令。"坚持全面规划、分步实施、突出重点、先易后难、先行试点、稳步推进。各地要认真搞好调查研究，准确把握坡耕地和宜林荒山荒地的情况，抓紧制定科学的规划和具体实施办法，并有针对性地做好思想工作和政策解释工作。一定要先搞好试点示范。去年中央提出这个措施后，各地积极响应，干部群众积极性很高，应该保护这种积极性。但办好这件事需要解决很多具体问题。只有通过试点，总结经验，完善政策和办法，才能全面推开。千万不要一哄而起，更不能作表面文章。"

试点中出现问题及时调整。2000年9月10日，《国务院关于进一步做好退耕还林还草试点工作的若干意见》中提到，今年以来，按照党中央、国务院的部署，长江上游、黄河上中游各有关地区认真开展退耕还林还草的试点工作，进展比较顺利，得到广大农民的拥护和支持。但试点工作中也出现了一些新情况、新问题。主要是：一些地区由于试点范围偏大，工作衔接不够，种苗供需矛盾突出，树种结构不够合理，经济林比重普遍较大；有些地区由于严重干旱以及管理粗放，造林成活率较低。为了明确责任，严格管理，推动试点工作的健康发展，根据国务院总理办公会议的决定，并经今年七月中西部地区退耕还林还草工作座谈会讨论，现就进一步做好退耕还林还草试点工作作出以下规定。

这些规定包括：一、加强领导，明确责任，实行省级政府负总责；二、完善退耕还林还草政策，充分调动广大群众的积极性；三、健全种苗生产供应机制，确保种苗的数量和质量；四、依靠科技进步，合理确定林草种结构和植被恢复方式；五、加强建设管理，确保退耕还林还草顺利开展；六、严格检查监督，确保退耕还林还草工程质量等。

如调动广大群众积极性方面，《意见》指出，每亩退耕地每年补助粮食（原粮）的标准，长江上游地区为三百斤，黄河上中游地区为二百斤。退耕地实际产量超过粮食补助标准，而农民不愿退耕的，要尊重农民自愿，绝不可强迫农民退耕。水土流失严重的地区，需要退耕而实际亩产粮食超过补助标准的，应相应提高补助标准。补助粮食的价款由中央财政承担，调运费用由地方财政承担，都不得向农民分摊。有关补助粮食费用的结算，由财政部门会同粮食部门和农业发展银行办理。

此外，国家给退耕户适当的现金补助。为鼓励农民退耕还林还草，并考虑到农民日常生活需要，国家在一定时期内可给予现金补助。现金补助标准按退耕面积每年每亩二十元计算，补助年限与粮食补助年限相同。补助款由国家提供。

国家向退耕户提供造林种草的种苗费补助。种苗费补助标准按退耕还林还草和宜林荒山荒地造林种草每亩五十元计算，直接发给农民自行选择采购种苗；补助款由国家提供，等等。

很快，退耕还林试点取得明显成效。2002年1月6日，温家宝在《以增加农民收入为目标，推进农业和农村经济结构的战略性调整》讲话中提到，这些地方土地多，单产低，易受灾，在建设好基本农田的基础上，把广种薄收的农田和山坡地退出来，封山绿化，植树种草，不仅可以改善生态环境，还可以发挥生物资源和气候资源多样性的优势，发展畜牧业和林果业，使当地经济加快进入良性循环；不仅可以为粮食主产区腾出市场空间，还可以通过以粮代赈，直接增加农民收入。经过两年多的试点准备，退耕还林已经取得明显成效，现在要加快推进。有关省区要从当地实际出发，认真落实政策，保证退耕还林质量。

两天后，2002年1月8日，朱镕基在《坚定不移走可持续发展道路，开创新世纪环保工作新局面》讲话中提到，生态环境保护和建设得到明显加强。对现有林区实行了大规模的封山育林，总面积已达七千七百八十万亩；有十三个省、自治区、直辖市已经全面停止了天然林的采伐；全国森林覆盖率达到百分之十六点五；建立了一千二百二十七处各类自然保护区和天然林保护区；实施了退耕还林（包括还草、还湖）工程。从1999年10月起，在长江上游、黄河中上游等地区开展了退耕还林试点工作。全国已累计退耕还林一千五百二十多万亩，宜林荒山造林种草一千三百五十万亩，国家对农民补助粮食七十多亿斤，提供生活补助五亿八千万元，提供种苗补助二十一亿元。实施退耕还林，既改善了生态环境，又直接增加了农民收入，深受广大干部群众的欢迎。

　　试点有成果，就要大力推广。2002年1月10日，《中共中央、国务院关于做好二〇〇二年农业和农村工作的意见》强调，当前和今后一个时期，要大规模开展退耕还林。2002年3月5日，朱镕基在《政府工作报告》中指出，为了使农民收入尽快有较多增长，还必须做好以下工作。一是扩大退耕还林规模。两年多试点证明，在中西部一些地方实行退耕还林（包括还草、还湖），既是改善生态环境，促进农业结构调整的重大举措，也是直接增加农民收入的有效途径。目前粮食等农产品供给充足，是加快退耕还林的良好时机。今年要进一步扩大退耕还林规模，推进休牧还草，加快宜林荒山荒地造林步伐。要坚持因地制宜，加强分类指导，认真落实退耕还林的各项政策，完善配套措施，抓紧培育和供应优良种苗，保证退耕还林质量。实施退耕还林和天然林保护工程，都要重视搞好后续产业的开发，以保障群众长期的生活来源和有关地方必要的财政收入。要抓紧研究制定退耕还林的法规。

　　试点的经验需要完善。2002年4月11日，《国务院关于进一步完善退耕还林政策措施的若干意见》指出，两年多来，按照党中央、国务院的部署，长江上游、黄河上中游等地区认真开展了退耕还林的试点工作。各级党委、政府高度重视，组织得力，退耕还林试点工作进展良好，取得了一定经验。实践证明，党中央关于退耕还林的决策和"退耕还林、封山绿化、以粮代赈、个体承包"政策措施是完全正确的，深得广大干部和群众的拥护，是加强西部地区生态环境建设和保护的重要举措，也是贫困山区农民脱贫致富的有效途径。为了加强对退耕还林试点工作的指导，国务院下发了《关于进一步做好退耕还林还草工作的若干意见》，对确保退耕还林的顺利实施和健康发展起到了重要保证作用。但是，在试点期间也出现了一些需要研究和解决的问题，有些政策措施也要进一步完善。

生态补偿试点。2005年12月3日，《国务院关于落实科学发展观加强环境保护的决定》指出，中央和地方财政转移支付应考虑生态补偿因素，国家和地方可分别开展生态补偿试点。2012年8月27日，《国务院关于大力实施促进中部地区崛起战略的若干意见》的三十四条为完善生态补偿相关政策，要求加大中央财政对三峡库区、丹江口库区、神农架林区等重点生态功能区的均衡性转移支付力度；支持在丹江口库区及上游地区、淮河源头、东江源头、鄱阳湖湿地等开展生态补偿试点；鼓励新安江、东江流域上下游生态保护与受益区之间开展横向生态环境补偿；逐步提高国家级公益林森林生态效益补偿标准；对资源型企业依照法律、行政法规有关规定提取用于环境保护、生态恢复等方面的专项资金，准予税前扣除。

第四章

党的十八大以来的试点工作扫描

党的十八大以来，中国特色社会主义进入了新时代。在团结带领人民全面建成小康社会的伟大实践中，以习近平同志为核心的党中央，推动党和国家事业取得历史性成就，发生历史性变革。在这一进程中，统筹推进"五位一体"总体布局、协调推进"四个全面"战略布局，成为主要遵循。而试点，在各项中扮演着举足轻重的角色。通过比较可以发现，试点的数量频次力度更多更密更强，成效也更显著。

2013年12月，中央政治局召开会议，决定成立中央全面深化改革领导小组，负责改革的总体设计、统筹协调、整体推进、督促落实，习近平总书记亲任领导小组组长。2018年3月，中央印发《深化党和国家机构改革方案》，将中央全面深化改革领导小组改为中央全面深化改革委员会，习近平总书记继续担任主任,加强党中央对涉及党和国家事业全局的重大工作的集中统一领导。

透视十八大以来的试点工作,中央全面深化改革领导小组会议、委员会会议是重要窗口。十八届中央全面深化改革领导小组会议共召开38次,其中涉及研究试点相关工作的多达31次。截至2018年7月,十九届中央全面深化改革领导小组会议和委员会会议召开5次,涉及研究试点工作的就有4次。也就是说,在43次中央全面深化改革领导小组会议、委员会会议中,有35次会议都在研究试点相关工作。

十八大以来,在中国的治国理政图谱和顶层设计中,"四个全面"战略布局和"五位一体"总体布局占据核心位置。全面深化改革是"四个全面"战略布局的重要内容,是推动其他三个"全面"发展的重要动力。因而,改革试点也就成为协调推进"四个全面"战略布局的重要机制。梳理43次中央全面深化改革领导小组会议、委员会会议,发现有大量内容涉及"五位一体"总部体局。这种具有高度权威的政治决策过程和模式,是中国致力于推进国家治理体系和治理能力现代化的关键内容,是中国经济社会有序运行、中国改革绩效显著的重要原因,也是理解和把握党在十八大以来的经济治理、政治治理、社会治理、文化治理、生态文明治理的重要线索。

第一节 经济领域改革试点

经济建设是中心工作,在我国这样一个大国搞经济建设,必须十分谨慎稳妥,以免造成全局性失误。这也是在深刻总结包括我国在内的世界各国经济发展经验教训得出的重要结论。十八大以来，中央深改会议涉及经济领域的试点范围广、数量大，既有宏观又有微观。比如，农民股份合作、赋予集体资产股份权能改革试点，自由贸易试验区改革试点，农村土地征收、集体经营性建设用地入市、宅基地制度改革试点，经济社会发展规划、城乡规划、土地利用规划等"多规合一"改革试点，市场准入负面清单制度试点，开放试验区，国家生态文明试验区，贫困地区水电矿产资源开发资产收益扶贫改革试点，国家自然资源资产管理体制试点，知识产权综合管理改革试点，农村集体资产股份权能改革试点，落实中央企业董事会职权试点，等等。

全面建成小康社会，关键在农村、难点在农村。改革开放以来，农村发生天翻地覆的变化，农民的获得感幸福感不断提升，同时城乡区域发展不平衡的问题依然严重，农村贫困人口脱贫是实现全面小康最突出的短板，必须解决和补齐。为此，中央深改组（委）会议多次聚焦农村改革。

2014年9月29日，中央深改组第五次会议研究《积极发展农民股份合作赋予集体资产股份权能改革试点方案》。会议指出，积极发展农民股份合作、赋予集体资产股份权能改革试点的目标方向，是要探索赋予农民更多财产权利，明晰产权归属，完善各项权能，激活农村各类生产要素潜能，建立符合市场经济要求的农村集体经济运营新机制。搞好这项改革，一项重要基础工作是保障农民集体经济组织成员权利。我国农村情况千差万别，集体经济发展很不平衡，要搞好制度设计，有针对性地布局试点。这项试点工作严格限制在集体经济组织内部，特别防止侵吞农民利益，违背改革初衷。土地制度是国家的基础性制度。党的十八届三中全会明确了农村土地制度改革的方向和任务，这三项改革涉及农村集体经济组织制度、村民自治制度等一系列重要制度，关乎城镇化、农业现代化进程。

2014年12月2日，中央深改组第七次会议审议了《关于农村土地征收、集体经营性建设用地入市、宅基地制度改革试点工作的意见》。农村改革，要始终把维护好、实现好、发展好农民权益作为出发点和落脚点，坚持土地公有制性质不改变、耕地红线不突破、农民利益不受损三条底线，在试点基础上有序推进。土地征收、集体经营性建设用地入市、宅基地制度改革关系密切，在试点工作中坚持统一部署和分类实施。严守18亿亩耕地红线是推进农村土地制度改革的底线、是试点的大前提，决不能逾越。试点过程中，党中央特别强调严格把握试点条件。对宅基地制度改革的试点条件和范围严格把关，决不能侵犯农民利益，决不能以退出宅基地使用权作为进城落户的条件，这是关系农村稳定、社会安定的重要举措。

2016年12月5日，中央深改组第三十次会议审议通过了《关于农村集体资产股份权能改革试点情况的报告》。在这次会议上，党中央认为这项改革符合农村实际，试点方向和路径是正确的，要坚定不移往前推。之后，在总结梳理此项改革试点经验的基础上，深入研究有关政策和法律法规问题，提出制定和修改相关法律法规的建议，并在中央统一部署下，选择了部分基础较好的县（市、区）继续扩大试点，全面开展农村集体资产清产核资。

2017年11月20日，十九届中央深改组第一次会议审议通过了《关于拓展农村宅基地制度改革试点的请示》。拓展宅基地制度改革试点范围，已经有了前期的实践基础，继续严守土地公有制性质不改变、耕地红线不突破、农民利益不受损的底线，平衡好国家、集体、个人利益，形成了更多可复制可推广经验。

党的十八大以来，我国着力形成对外开放新体制，其中一项重要举措就是建立自由贸易区。一个国家能不能富强，一个民族能不能振兴，最重要的就是看这个国家、这个民族能不能顺应时代潮流，掌握历史前进的主动权。经济全球化是当今世界最大的发展潮流。我国改革开放40年来取得的巨大成就，部分就得益于充分利用经济全球化的机遇，不断扩大对外开放。现在，对外开放面临的国际国内形势同以往有很大不同。针对这些新情况新问题，我国进一步扩大开放领域，加大压力测试，坚持创新驱动发展，加强改革系统集成，更好地服务全国改革开放大局。中央深改组（委）多次召开会议研究这项议题，从试点到推广，稳扎稳打，成绩显著。

党的十八届三中全会提出，要在推进现有试点基础上，选择若干具备条件的地方发展自由贸易园（港）区。上海自由贸易试验区成立以来，在中央统一部署下，在有关部门和上海市委、市政府共同努力下，以制度创新为核心，以形成可复制可推广经验为要求，在简政放权、放管结合、加快政府职能转变、体制机制创新、促进贸易投资便利化以及营造市场化、国际化、法治化营商环境等方面，进行了积极探索和大胆尝试，取得了一系列新成果，为在全国范围内深化改革和扩大开放探索了新途径、积累了新经验。2014年10月27日，中央深改组第六次会议研究《关于中国（上海）自由贸易试验区工作进展和可复制改革试点经验的推广意见》。上海自由贸易试验区取得的经验，是我们在这块试验田上试验培育出的种子，这些种子在更大范围内播种扩散、开花结果，试验取得的可复制可推广的经验，逐渐在其他地区和全国推广。

2017年3月24日，中央深改组第三十三次会议审议通过了《全面深化中国（上海）自由贸易试验区改革开放方案》。四年来，中国（上海）自由贸易试验区对照国际最高标准、查找短板弱项，持续推动贸易和投资自由化便利化，加强同上海国际金融中心和具有全球影响力的科创中心建设的联动，以更大力度转变政府职能，提升政府治理能力，加强改革系统集成，取得了更多可复制可推广的制度创新成果。

2017年6月26日，中央深改组第三十六次会议审议了《中国（广东）、中国（天津）和中国（福建）自由贸易试验区建设两年进展情况总结报告》。中国（广东）、中国（天津）和中国（福建）自贸试验区建设3年来，以制度创新为核心，围绕服务国家战略开展差别化探索，在政府职能转变、投资贸易便利化、金融开放创新、服务国家战略、支持创新创业、加强事中事后监管等领域取得明显成效，有效发挥了全面深化改革和扩大开放试验田的重要作用。

2018年3月28日，中央全面深化改革委员会第一次会议审议通过了《进一步深化中国（广东）自由贸易试验区改革开放方案》《进一步深化中国（天津）自由贸易试验区改革开放方案》《进一步深化中国（福建）自由贸易试验区改革开放方案》。进一步深化广东、天津、福建自由贸易试验区改革开放，是在认真总结自由贸易试验区建设经验的基础上，按照高质量发展的要求，对照国际先进规则，以制度创新为核心，以防控风险为底线，扩大开放领域，提升政府治理水平，加强改革系统集成，力争取得更多可复制可推广的制度创新成果，更好地服务全国改革开放大局。

构建开放型经济新体制，除了推进自贸区试点改革之外，还通过试点实行市场准入负面清单制度，深化同周边国家和地区的合作。2015年9月15日，中央深改组第十六次会议审议通过了《关于实行市场准入负面清单制度的意见》《关于支持沿边重点地区开发开放若干政策措施的意见》。实行市场准入负面清单制度，对发挥市场在资源配置中的决定性作用和更好发挥政府作用，建设法治化营商环境，具有重要意义。重点开发开放试验区、沿边国家级口岸、边境城市、边境和跨境经济合作区等沿边重点地区是我国深化同周边国家和地区合作的重要平台，是沿边地区经济社会发展的重要支撑。以改革创新助推沿边开放，允许沿边地区先行先试，大胆探索创新跨境经济合作新模式、促进沿边地区发展新机制、实现兴边富民新途径。

改革是一场革命，改的是体制机制，动的是既得利益，不真刀真枪干是不行的。中央深改组（委）会议多次研究"多规合一"改革试点工作，着重解决体制机制问题。2015年6月5日，中央深改组第十三次会议研究同意海南省就统筹经济社会发展规划、城乡规划、土地利用规划等开展省域"多规合一"改革试点。2016年2月23日，中央深改组第二十一次会议听取浙江省开化县关于"多规合一"试点情况汇报。浙江试点探索总结出了一些可复制可推广的经验。2016年4月18日，中央深改组第二十三次会议审议通过了《宁夏回族自治区空间规划（多规合一）试点方案》。这次会议同意宁夏回族自治区开展空间规划（多规合一）试点，要求加强组织领导、积极探索、大胆创新，中央有关部门要支持配合、跟踪进展、总结经验。2016年6月27日，中央深改组第二十五次会议审议通过了《关于海南省域"多规合一"改革试点情况的报告》。中央授权海南开展省域"多规合一"改革试点三年来，海南结合实际，积极推进改革探索，梳理化解规划矛盾，统筹主体功能区、生态保护红线、城镇体系、土地利用、林地保护利用、海洋功能区规划，在推动形成全省统一空间规划体系上迈出了步子、探索了经验。2016年10月11日，中央深改组第二十八次会议通过了《省级空间规划试点方案》。开展省级空间规划试点，以主体功能区规划为基础，科学划定城镇、农业、生态空间及生态保护红线、永久基本农田、城镇开发边界，注重开发强度管控和主要控制线落地，统筹各类空间性规划，编制统一的省级空间规划，为实现"多规合一"、建立健全国土空间开发保护制度积累经验、提供示范。2017年8月29日，中央深改组第三十八次会议审议了《宁夏回族自治区关于空间规划（多规合一）试点工作情况的报告》。党中央授权宁夏回族自治区开展"多规合一"试点以来，在编制空间规划、明确保护开发格局、建设规划管理信息平台、探索空间规划管控体系、推进空间规划管理体制改革等方面，探索了一批可复制可推广的经验做法。

开展贫困地区水电矿产资源开发资产收益扶贫改革试点，

是扶贫开发工作的重大制度创新。2016年7月22日，中央深改组第二十六次会议审议通过了《贫困地区水电矿产资源开发资产收益扶贫改革试点方案》。这项试点以增加贫困人口资产性收益为目标，创新贫困地区水电矿产资源开发占用农村集体土地补偿方式，围绕界定入股资产范围、明确入股受益主体、合理设置股权、完善收益分配、加强股权管理和风险防控等重点任务，探索建立集体股权参与项目分红的资产收益扶贫长效机制，走出了一条资源开发和脱贫攻坚有机结合的新路子。

中央深改组（委）会议还涉及健全国家自然资源资产管理体制和知识产权综合管理改革试点。2016年12月5日，中央深改组第三十次会议审议通过了《关于健全国家自然资源资产管理体制试点方案》《关于开展知识产权综合管理改革试点总体方案》。这些年，健全国家自然资源资产管理体制试点，按照所有者和管理者分开和一件事由一个部门管理的原则，将所有者职责从自然资源管理部门分离出来，集中统一行使，负责各类全民所有自然资源资产的管理和保护。坚持资源公有和精简统一效能的原则，重点在整合全民所有自然资源资产所有者职责，探索中央、地方分级代理行使资产所有权，整合设置国有自然资源资产管理机构等方面积极探索尝试，形成了可复制可推广的管理模式。知识产权综合管理改革试点紧扣创新发展需求，发挥专利、商标、版权等知识产权的引领作用，打通知识产权创造、运用、保护、管理、服务全链条，建立高效的知识产权综合管理体制，构建便民利民的知识产权公共服务体系，探索支撑创新发展的知识产权运行机制，推动形成权界清晰、分工合理、责权一致、运转高效的体制机制。

进入中央决策层经济改革视野的,还有开展落实中央企业董事会职权改革试点。2016年12月30日,中央深改组第三十一次会议审议通过了《关于开展落实中央企业董事会职权试点工作的意见》。这项试点,坚持党的领导,坚持依法治企,坚持权责对等,切实落实和维护董事会依法行使中长期发展决策权和经理层成员选聘权、业绩考核权、薪酬管理权以及职工工资分配管理权等,推动形成各司其职、各负其责、协调运转、有效制衡的公司治理机制。完善权力运行监督机制,加强和改进出资人监管。

2018年5月11日,中央深改委第二次会议审议通过了《推进中央党政机关和事业单位经营性国有资产集中统一监管试点实施意见》。这项试点,坚持政企分开、政资分开、所有权与经营权分离,理顺中央党政机关和事业单位同所办企业关系,搭建国有资本运作平台,促进国有资本布局结构优化,提高国有资本配置和监管效率,有效防止国有资产流失,不断实现企业健康发展和经营性国有资产保值增值。

第二节 政治领域改革试点

政治领域的改革涉及上层建筑的调整,更复杂也更敏感,因而也更需要坚持积极稳妥、循序渐进,需要通过试点积累共识积累经验,条件成熟时再作推进。十八大以来,中央深改组(委)会议先后聚焦司法改革试点、规范领导干部亲属经商办企业试点、国务院部门权力和责任清单编制试点、承担行政职能事业单位改革试点、省以下环保机构监测监察执法垂直管理制度改革试点、行政执法公示制度试点、执法全过程记录制度试点、重大执法决定法制审核制度试点、纪检监察体制改革试点，等等。

十八大以来，以习近平同志为核心的党中央高度重视法治建设，将全面依法治国纳入"四个全面"战略布局，坚持依法治国、依法执政、依法行政共同推进，坚持法治国家、法治政府、法治社会一体建设。全面依法治国，是我们党从坚持和发展中国特色社会主义出发、为更好治国理政提出的重大战略任务，也是事关我们党执政兴国的一个全局性问题。没有全面依法治国，我们就治不好国、理不好政，"四个全面"战略布局也会落空。从现实情况看，司法领域中存在一些突出问题原因是多方面的，但很多与司法体制和工作机制不合理有关。解决这些突出问题，根本途径在于深化改革。然而，法治领域的许多改革关注度高、难度大，牵扯多方利益关系格局的调整，不能贸然行事，而应在试点基础上稳步推进，逐步破除束缚全面推进依法治国的体制机制障碍。

以司法体制改革为例，它的一个重要目的是提高司法公信力，让司法真正发挥维护社会公平正义最后一道防线的作用。为此，党中央强调司法体制改革一定要积极稳妥。

中央深改组（委）会议先后多次聚焦司法改革相关试点工作，明确要求以优化司法职权配置为重点，健全司法权力分工负责、相互配合、相互制约的制度安排。2014年6月6日，中央深改组第三次会议审议了《上海市司法改革试点工作方案》。会议指出，完善司法人员分类管理、完善司法责任制、健全司法人员职业保障、推动省以下地方法院检察院人财物统一管理、设立知识产权法院，都是司法体制改革的基础性、制度性措施。这项试点工作在中央层面顶层设计和政策指导下进行，鼓励试点地方积极探索、总结经验。一方面，中央有关部门支持司法体制改革工作，帮助地方解决试点中遇到的难题，确保改革部署落到实处；另一方面，试点地方的党委和政府加强对司法体制改革的组织领导，细化试点实施方案，按照可复制、可推广的要求，不断推动制度创新。

2014年12月2日，中央深改组第七次会议审议通过了《最高人民法院设立巡回法庭试点方案》和《设立跨行政区划人民法院、人民检察院试点方案》。最高人民法院设立巡回法庭，设立跨行政区划人民法院、人民检察院，是党的十八届四中全会提出的重要改革举措。最高人民法院设立巡回法庭，审理跨行政区域重大行政和民商事案件，有利于审判机关重心下移、就地解决纠纷、方便当事人诉讼。探索设立跨行政区划的人民法院、人民检察院，有利于排除对审判工作和检察工作的干扰、保障法院和检察院依法独立公正行使审判权和检察权，有利于构建普通案件在行政区划法院审理、特殊案件在跨行政区划法院审理的诉讼格局。这两项改革试点涉及司法管理体制、司法权力运行机制等深层次问题，先在基础扎实、需求迫切的地方开展试点，创造可复制、可推广的机制制度。

2015年2月27日，中央深改组第十次会议审议通过了《深化人民监督员制度改革方案》。深化人民监督员制度改革是党的十八届三中、四中全会提出的一项重要改革举措，目的是进一步拓宽人民群众有序参与司法渠道，健全确保检察权依法独立公正行使的外部监督制约机制，对保障人民群众对检察工作的知情权、参与权、表达权、监督权具有重要意义。党中央在认真总结人民监督员监督范围、监督程序试点和人民监督员选任管理方式改革试点经验做法的基础上，在人民监督员选任方式、监督范围、监督程序、知情权保障等方面不断深化改革。实行人民监督员制度，引入外部监督力量，改变了检察机关查办职务犯罪案件的具体程序和要求，健全了对犯罪嫌疑人、被告人的权利保护机制，是对司法权力制约机制的重大改革和完善。

2015年4月1日，中央深改组第十一次会议审议通过了《人民陪审员制度改革试点方案》。人民陪审员制度是社会主义民主政治的重要内容。通过改革人民陪审员制度，推进司法民主，促进司法公正，提升人民陪审员制度公信度和司法公信力。围绕改革人民陪审员选任条件和选任程序、扩大人民陪审员参审范围、完善人民陪审员参审案件机制、探索人民陪审员参审案件职权改革、完善人民陪审员退出和惩戒机制、完善人民陪审员履职保障制度等重要环节开展试点，提高人民陪审员广泛性和代表性，发挥人民陪审员制度的作用，是坚持党的领导、人民当家作主、依法治国有机统一，坚定不移走中国特色社会主义法治道路的题中之义。

2015年5月5日，中央深改组第十二次会议审议通过了《检察机关提起公益诉讼改革试点方案》。这项试点工作是贯彻落实党的十八届四中全会提出探索建立检察机关提起公益诉讼制度的体现，目的是充分发挥检察机关法律监督职能作用，促进依法行政、严格执法，维护宪法法律权威，维护社会公平正义，维护国家和社会公共利益。牢牢抓住公益这个核心，重点是对生态环境和资源保护、国有资产保护、国有土地使用权出让、食品药品安全等领域造成国家和社会公共利益受到侵害的案件提起民事或行政公益诉讼,形成可复制可推广的经验模式,更好维护国家利益和人民利益。这次会议同意山西、内蒙古、黑龙江、江苏、浙江、安徽、福建、山东、重庆、云南、宁夏开展推进司法责任制、司法人员分类管理、司法人员职业保障、省以下地方法院检察院人财物统一管理等4项改革试点。这是继2014年上海、广东、吉林、湖北、青海、海南、贵州7个试点省市后的第二批试点。

2015年9月15日,中央深改组第十六次会议审议通过了《法官、检察官单独职务序列改革试点方案》、《法官、检察官工资制度改革试点方案》。开展法官、检察官单独职务序列和工资制度改革试点,是促进法官、检察官队伍专业化、职业化建设的重要举措。突出法官、检察官职业特点,对法官、检察官队伍给予特殊政策,建立有别于其他公务员的单独职务序列。注重向基层倾斜,重点加强市(地)级以下法院、检察院。实行全国统一的法官、检察官工资制度,在统一制度的前提下,体现职业特点,建立与法官、检察官单独职务序列设置办法相衔接、有别于其他公务员的工资制度。建立与工作职责、实绩和贡献紧密联系的工资分配机制,健全完善约束机制,鼓励办好案、多办案。加大对一线办案人员的工资政策倾斜力度,鼓励优秀人员向一线办案岗位流动。

2015年12月9日,中央深改组第十九次会议审议通过了《关于在全国各地推开司法体制改革试点的请示》《公安机关执法勤务警员职务序列改革试点方案》《公安机关警务技术职务序列改革试点方案》。完善司法人员分类管理、完善司法责任制、健全司法人员职业保障、推动省以下地方法院检察院人财物统一管理，是司法体制改革的基础性措施。根据中央统一部署，2014年以来，试点地方改革取得明显成效。在18个省区市启动两批改革试点的基础上，2016年起在北京、天津等13个省区市和新疆生产建设兵团也逐步推开司法体制改革试点。开展公安机关执法勤务警员职务序列和警务技术职务序列改革试点，是推进人民警察管理制度改革的重要内容。根据人民警察武装性、实战性、高强度、高风险等职业特点，以及公安队伍规模大、层级多、主要集中在基层一线等实际情况，完善执法勤务警员职务序列，建立警务技术职务序列，拓展执法勤务警员和警务技术人民警察职业发展空间，完善激励保障机制，激发队伍活力。注重向基层一线倾斜，突出对实绩的考核。

2016年7月22日，中央深改组第二十六次会议审议通过了《关于认罪认罚从宽制度改革试点方案》。完善刑事诉讼中认罪认罚从宽制度，涉及侦查、审查起诉、审判等各个诉讼环节，明确法律依据、适用条件，明确撤案和不起诉程序，规范审前和庭审程序，完善法律援助制度。选择部分地区依法有序稳步推进试点工作。

2016年12月30日，中央深改组第三十一次会议审议通过了《推行行政执法公示制度、执法全过程记录制度、重大执法决定法制审核制度试点工作方案》。行政执法是政府实施法律法规、履行法定职能、管理经济社会事务的主要方式。推行执法公示制度试点重在打造阳光政府，要及时主动公开执法信息，让行政执法在阳光下运行；推行执法全过程记录制度试点重在规范程序，扩大记录适用范围，实现全过程留痕、可回溯管理；推行执法决定法制审核制度试点重在合法行政，确保每项重大执法决定必须经过合法性审查，守住法律底线。

2017年5月23日，中央深改组第三十五次会议审议通过了《关于检察机关提起公益诉讼试点情况和下一步工作建议的报告》。经全国人大常委会授权，最高人民检察院从2015年7月起在北京等13个省区市开展为期两年的提起公益诉讼试点，在生态环境和资源保护、食品药品安全、国有资产保护、国有土地使用权出让等领域，办理了一大批公益诉讼案件，积累了丰富的案件样本，制度设计得到充分检验，正式建立检察机关提起公益诉讼制度的时机已经成熟。在总结试点工作的基础上，为检察机关提起公益诉讼提供法律保障。

2017年8月29日，中央深改组第三十八次会议审议通过了《关于上海市开展司法体制综合配套改革试点的框架意见》。在总结司法责任制改革试点成功经验的基础上，加强法官检察官正规化专业化职业化建设、全面落实司法责任制，是深入推进司法体制改革的重大部署安排。巩固和完善改革成果，把坚持党的领导贯穿始终，加强法官检察官思想政治与职业道德建设，完善员额制，落实责任制，强化监督制约，健全保障机制，为深入推进司法责任制改革提供规范明确的政策依据。在上海市率先开展司法体制综合配套改革试点，坚持党对司法工作的领导，坚持法治国家、法治政府、法治社会一体建设，坚持满足人民司法需求、遵循司法规律，在综合配套、整体推进上下功夫，进一步优化司法权力运行，完善司法体制和工作机制，深化信息化和人工智能等现代科技手段运用，形成了更多可复制可推广的经验做法，推动司法质量、司法效率和司法公信力全面提升。

2018年3月28日，中央深改委第一次会议审议通过了《公安机关执法勤务警员职务序列改革方案（试行）》《公安机关警务技术职务序列改革方案（试行）》。在试点基础上全面推开公安机关执法勤务警员和警务技术职务序列改革，根据公安机关性质任务和人民警察职业特点，尊重警务技术人才成长发展规律，完善公安机关执法勤务警员职务序列，建立警务技术职务序列，拓展民警职业发展空间。

党的群团工作是党治国理政的一项经常性、基础性工作，是党组织动员广大人民群众为完成党的中心任务而奋斗的重要法宝。新形势下，党的群团工作只能加强，不能削弱；只能改进提高，不能停滞不前。一段时期以来，党的群团组织在一定程度上脱离了群众，没有发挥其应有职能作用。针对这种情况，党中央提出加快推进群团组织改革并进行相关试点，同时强调加强群团组织改革试点，重点解决的就是脱离群众的问题。2015年11月9日，中央深改组第十八次会议审议通过了《全国总工会改革试点方案》《上海市群团改革试点方案》《重庆市群团改革试点方案》。全国总工会、上海市、重庆市群团改革试点工作紧紧围绕保持和增强政治性、先进性、群众性这条主线，强化问题意识、改革意识，解决突出问题，着力破除"机关化、行政化、贵族化、娱乐化"问题，把群团组织建设得更加充满活力、更加坚强有力。

2017年2月6日，中央深改组第三十二次会，听取了《关于全国总工会改革试点工作总结报告》《上海市委全面深化改革领导小组关于群团改革试点工作总结的报告》《重庆市委全面深化改革领导小组关于群团改革试点工作总结的报告》。按照中央要求，加强统筹协调，针对突出问题，对症下药，标本兼治，积极推动群团改革，创造和形成了可复制可推广的经验。

不受制约和监督的权力很容易被滥用，很容易导致腐败。必须把权力关进制度的笼子里，强化对权力的制约和监督，建立权责统一、权威高效的权力运行体制。为了加强对行政权力的制约与监督，2015年12月9日，中央深改组第十九次会议审议通过了《国务院部门权力和责任清单编制试点方案》。推行国务院部门权力和责任清单编制试点，按照简政放权、放管结合、优化服务、转变政府职能的要求，以清单形式列明试点部门行政权责及其依据、行使主体、运行流程等，推进行政权责依法公开，强化行政权力监督和制约，加快形成边界清晰、分工合理、权责一致、运转高效、依法保障的政府职能体系。把约束和规范权力、服务人民作为试点工作的出发点，把社会关注度高、群众反映强烈、能够很快显现效果的重点领域或权责事项摆在优先位置，着力解决权力运行中的突出问题。

理顺行政事业职能关系，推进治理现代化，必须开展行政事业单位改革。2016年1月11日，中央深改组第二十次会议审议通过了《关于开展承担行政职能事业单位改革试点的指导意见》。开展承担行政职能事业单位改革试点，以创新体制机制为核心，推进政事分开，持续推进简政放权、放管结合、优化服务，完善职能配置、优化组织结构、规范政府运行、提高行政效能，激发市场活力和社会创造力。在清理职能、规范管理的前提下推进改革，坚持分类施策，分步推进。

规范领导干部配偶、子女及其配偶经商办企业行为，是贯彻落实全面从严治党要求的一个重要举措，是营造风清气正政治生态、构建良好党内政治文化的重要制度安排。2016年4月18日，中央深改组第二十三次会议审议通过了北京市、广东省、重庆市、新疆维吾尔自治区关于进一步规范领导干部配偶、子女及其配偶经商办企业行为的规定（试行）。这次会议决定在上海先行开展试点的基础上，继续在北京、广东、重庆、新疆开展试点。按照规范对象范围，从严规范、率先规范、以上率下。严格界定经商办企业行为，细化规范程序，明确操作依据，确保规范工作有序进行。把集中规范和日常监管有机结合起来，规范工作基本完成后，转入常态化管理，推动形成常态化、长效化的制度安排。

国家监察体制改革是事关全局的一项重大政治体制改革，是推进"四个全面"战略布局特别是全面依法治国、全面从严治党的一项重要环节，是推进国家治理体系和治理能力现代化的一项重大举措。2016年1月，习近平总书记在十八届中央纪委六次全会上指出："要坚持党对党风廉政建设和反腐败工作的统一领导，扩大监察范围，整合监察力量，健全国家监察组织架构，形成全面覆盖国家机关及其公务员的国家监察体系。"2016年10月，党中央印发《关于在北京市、山西省、浙江省开展国家监察体制改革试点方案》，部署在三省市设立各级监察委员会，从体制机制、制度建设上先行先试、探索实践，为全面推开改革积累可复制、可推广的经验。党的十九大对深化国家监察体制改革进行了再动员再部署，要求将试点工作在全国推开，组新中国成立家、省、市、县监察委员会，同党的纪律检查机关合署办公，实现对所有行使公权力的公职人员监察全覆盖。2017年10月，党中央印发《关于在全国各地推开国家监察体制改革试点方案的通知》，进一步明确了改革目标、试点任务和实施步骤；11月，全国人大常委会就推开改革试点作出法律授权决定。2018年3月28日，中央深改委第一次会议审议了《关于深化纪检监察体制改革和中央纪委国家监委机构改革情况的报告》。推进中央纪委国家监委机关内设机构改革，是贯彻落实深化国家监察体制改革的一个实际举措。坚持优化协同高效，推动机构、职能、人员全面融合，构建党统一指挥、全面覆盖、权威高效的国家监察体系。强化自我监督，在内部形成相互制约的机制，把权力关进制度的笼子。目前，集中统一、权威高效的国家监察体系逐渐形成，制度优势正在转化为治理效能。

基层不牢，地动山摇。基层事业单位承担一定的公共职能，如何调动单位干部的积极性是行政体制改革的一项重要内容。2018年7月6日，中央深改委第三次会议审议通过了《关于开展县以下事业单位管理岗位职员等级晋升制度试点工作的实施意见》。这项试点，坚持党管干部、党管人才的原则，保持现有事业单位管理人员岗位等级设置和晋升制度不变，改造现有职员等级，建立主要体现德才素质、个人资历、工作实绩的职员等级晋升制度，拓展基层事业单位管理人员职业发展空间。

第三节 文化领域改革试点

文化领域的改革,事关意识形态、事关国家政治安全。我国作为社会主义国家,决不能在这一根本性问题上出现颠覆性错误。要防止文化治理领域出现颠覆性错误,就要在继续大胆推进改革、推动文化繁荣昌盛、建设社会主义文化强国的同时,把握好意识形态属性和产业属性、社会效益和经济效益的关系,始终坚持社会主义先进文化前进方向,始终把社会效益放在首位。无论改什么、怎么改,导向不能改,阵地不能丢。十八大以来,中央全面深改组(委)会议先后聚焦了中央主要新闻单位采编播管岗位人事管理制度改革试点、国家高端智库建设试点、建设新时代文明实践中心试点等。此外,中央还在媒体领域开展特殊管理股试点。

党的新闻舆论工作是党的一项重要工作,是治国理政、定国安邦的大事。做好新闻舆论工作,关键在于培育一批与党同心同德的文化工作队伍,关键在于锻造一支忠诚可靠的新闻舆论工作队伍。2017年2月6日,中央深改组第三十二次会议审议通过了《关于深化中央主要新闻单位采编播管岗位人事管理制度改革的试行意见》。这项改革主要是统筹配置编制资源,开展人员编制总量管理试点,深化人事薪酬制度改革,完善考核评价和退出机制,增强新闻舆论工作队伍事业心、归属感、忠诚度,为新闻事业长远健康发展提供坚实有力的人才支撑。

在许多国家,智库起着咨政作用,我国也不例外。不同的是,我国的高端智库在国家决策、国家治理中占据着更加重要的地位。2015年11月9日，中央深改组第十八次会议审议通过了《国家高端智库建设试点工作方案》。国家高端智库建设试点工作紧紧围绕"四个全面"战略布局，以服务党和政府决策为宗旨，以政策研究咨询为主攻方向，以完善组织形式和管理方式为重点，以改革创新为动力，优先选择若干基础条件较好、专业特色突出的机构进行试点，建设一批国家亟需、特色鲜明、制度创新、引领发展的高端智库。

习近平新时代中国特色社会主义思想是我们党的最新理论创新成果，是21世纪马克思主义、当代中国马克思主义。建设新时代文明实践中心，是深入宣传习近平新时代中国特色社会主义思想的一个重要载体。2018年7月6日，中央深改委第三次会议审议通过了《关于建设新时代文明实践中心试点工作的指导意见》。这项试点，着眼于凝聚群众、引导群众，以文化人、成风化俗，调动各方力量，整合各种资源，创新方式方法，用中国特色社会主义文化、社会主义思想道德牢牢占领农村思想文化阵地，动员和激励广大农村群众积极投身社会主义现代化建设。

2017年1月，中央印发了《关于促进移动互联网健康有序发展的意见》，提出在互联网新闻信息服务、网络出版服务、信息网络传播视听节目服务等领域开展特殊管理股试点。这是加强党管媒体、党管意识形态的重要制度创新。

第四节　社会领域改革试点

加强和创新社会治理，关键在体制创新。十八大以来，以习近平同志为核心的党中央加快推进民生领域体制机制创新，促进公共资源向基层延伸、向弱势群体倾斜。民生领域的改革往往与人民群众的利益密切相关，关注度高，影响面广。全面深化改革就是以促进社会公平正义、增进人民福祉为出发点和落脚点的。这几年，中央深改组（委）会议先后聚焦考试招生制度改革试点、城市公立医院综合改革试点等。此外，国家还在住房领域推进了共有产权住房试点工作。

我国实施科教兴国战略，始终把教育摆在优先发展的战略位置。考试招生制度是国家基本教育制度。这一制度改革事关教育公平和人才选拔水平，事关千家万户利益，必须慎之又慎，在充分论证搞好顶层设计的基础上，试点先行，分步实施，有序推进。2014年8月18日，中央深改组第四次会议审议了《关于深化考试招生制度改革的实施意见》，指出深化考试招生制度改革，总的目标是形成分类考试、综合评价、多元录取的考试招生模式，健全促进公平、科学选才、监督有力的体制机制，构建衔接沟通各级各类教育、认可多种学习成果的终身学习立交桥。

公立医院是我国医疗服务体系的主体，与民生福祉息息相关。深化公立医院改革，是保障和改善民生、解决好群众看病就医问题的重要举措。2015年4月1日，中央深改组第十一次会议审议通过了《关于城市公立医院综合改革试点的指导意见》。这项改革试点，坚持公立医院公益性的基本定位，将公平可及、群众受益作为改革出发点和立足点，落实政府办医责任，统筹推进医疗、医保、医药改革，坚持分类指导，坚持探索创新，破除公立医院逐利机制，建立维护公益性、调动积极性、保障可持续的运行新机制，构建布局合理、分工协作的医疗服务体系和分级诊疗就医格局。城市公立医院改革综合性强、涉及面广，在改革公立医院管理体制、建立公立医院运行新机制、强化医保支付和监控作用、建立符合医疗行业特点的人事薪酬制度、构建各类医疗机构协同发展的服务体系、推动建立分级诊疗制度、加快推进医疗卫生信息化建设等方面都要大胆探索、积极创新。党的十八大以来，深化医药卫生体制改革取得了重大进展，改革过程中涌现出一批勇于探索创新的先进典型，形成了一批符合实际、行之有效的经验做法。

2016年8月30日，中央深改组第二十七次会议审议通过了《关于进一步推广深化医药卫生体制改革经验的若干意见》，指出各地因地制宜推广、差别化探索，在公立医院运行机制改革、医保经办管理体制、药品供应保障制度建设、分级诊疗制度建设、综合监管制度建设、建立符合医疗行业特点的人事薪酬制度等方面大胆探索创新，取得重大突破。

此外，住有所居是提升人民幸福感、获得感、安全感的基础条件。在总结我国住房改革发展经验、借鉴其他国家解决住房问题的有益做法基础上，住房和城乡建设部2017年9月印发《关于支持北京市、上海市开展共有产权住房试点的意见》，支持北京市、上海市深化发展共有产权住房试点工作，鼓励两市以制度创新为核心，结合本地实际，在共有产权住房建设模式、产权划分、使用管理、产权转让等方面进行大胆探索，并落实好现有的财政、金融、税费等优惠政策，力争形成可复制、可推广的试点经验。

第五节　生态文明领域改革试点

生态治理和生态文明体制改革，事关美国中国建设。良好的生态环境是最公平的公共产品、最普惠的民生福祉。加强生态文明建设和生态环境保护，不仅是一项经济工作，也是一项政治工作。我们要建设的现代化是人与自然和谐共生的现代化，既要创造出更多物质财富和精神财富以满足人民日益增长的美好生活需要，也要提供更多优质生态产品以满足人民日益增长的优美生态环境需要。

改革开放以来，我国经济发展取得历史性成就，同时也积累了大量生态环境问题。这成为人民群众反映强烈的突出问题。生态环境问题除了与一些地方过度追求GDP、以牺牲环境为代价换取一时的经济增长的因素有关外，一定程度上也与相关体制不健全有关。十八大以来，中央深改组（委）会议先后聚焦领导干部自然资源资产离任审计的试点、中国三江源国家公园体制试点、探索实行耕地轮作休耕制度试点、国家生态文明试验区、省以下环保机构监测监察执法垂直管理制度改革试点、在部分省份开展生态环境损害赔偿制度改革试点、大熊猫和东北虎豹国家公园体制试点、按流域设置环境监管和行政执法机构试点、跨地区环保机构试点、祁连山国家公园体制试点，等等。

2015年7月1日，中央深改组第十四次会议审议通过了《关于开展领导干部自然资源资产离任审计的试点方案》。开展领导干部自然资源资产离任审计试点，主要目标是探索并逐步形成一套比较成熟、符合实际的审计规范，明确审计对象、审计内容、审计评价标准、审计责任界定、审计结果运用等，推动领导干部守法守纪、守规尽责，促进自然资源资产节约集约利用和生态环境安全。生态环境保护能否落到实处，关键在领导干部。这项试点，坚持依法依规、客观公正、科学认定、权责一致、终身追究的原则，围绕落实严守资源消耗上限、环境质量底线、生态保护红线的要求，针对决策、执行、监管中的责任，明确各级领导干部责任追究情形。对造成生态环境损害负有责任的领导干部，不论是否已调离、提拔或者退休，都严肃追责。

2015年12月9日，中央深改组第十九次会议审议通过了《中国三江源国家公园体制试点方案》。在青海三江源地区选择典型和代表区域开展国家公园体制试点，实现三江源地区重要自然资源国家所有、全民共享、世代传承，促进自然资源的持久保育和永续利用，具有十分重要的意义。这项试点，坚持保护优先、自然修复为主，突出保护修复生态，创新生态保护管理体制机制，建立资金保障长效机制，有序扩大社会参与。着力对自然保护区进行优化重组，增强联通性、协调性、完整性，坚持生态保护与民生改善相协调，将国家公园建成青藏高原生态保护修复示范区，三江源共建共享、人与自然和谐共生的先行区，青藏高原大自然保护展示和生态文化传承区。

2016年5月20日，中央深改组第二十四次会议审议通过了《探索实行耕地轮作休耕制度试点方案》。在部分地区探索实行耕地轮作休耕制度试点，既有利于耕地休养生息和农业可持续发展，又有利于平衡粮食供求矛盾、稳定农民收入。在有关地区开展轮作试点和休耕试点，坚守耕地保护红线、保障国家粮食安全，建立利益补偿机制，稳定农民收益。

2016年6月27日，中央深改组第二十五次会议审议通过了《关于设立统一规范的国家生态文明试验区的意见》《国家生态文明试验区（福建）实施方案》。设立统一规范的国家生态文明试验区，目的是开展生态文明体制改革综合试验，为完善生态文明制度体系探索路径、积累经验。这项试点，就推进国土空间开发保护制度、空间规划编制、生态产品市场化改革、建立多元化的生态保护补偿机制、健全环境治理体系、建立健全自然资源资产产权制度、开展绿色发展绩效评价考核等重大改革任务开展试验，重点解决社会关注度高、涉及人民群众切身利益的资源环境问题。福建等试验区突出改革创新，聚焦重点难点问题，在体制机制创新上下功夫，为其他地区探索改革的路子。

2016年7月22日，中央深改组第二十六次会议审议通过了《关于省以下环保机构监测监察执法垂直管理制度改革试点工作的指导意见》。开展省以下环保机构监测监察执法垂直管理制度改革试点，目的是建立健全条块结合、各司其职、权责明确、保障有力、权威高效的地方环保管理体制，确保环境监测监察执法的独立性、权威性、有效性。强化地方党委和政府及其相关部门的环境保护责任，注意协调处理好环保部门统一监督管理和属地主体责任、相关部门分工负责的关系，规范和加强地方环保机构和队伍建设，建立健全高效协调的运行机制。

2016年8月30日，中央深改组第二十七次会议审议通过了《关于在部分省份开展生态环境损害赔偿制度改革试点的报告》。编制重点生态功能区产业准入负面清单，对严格管制各类开发活动、减少对自然生态系统的干扰、维护生态系统的稳定性和完整性,意义重大。这项试点,按照县市制定、省级统筹、国家衔接、对外公布的机制,严格编制实施程序、规范要求、技术审核要求,因地制宜制定限制和禁止发展的产业目录,形成更具针对性的负面清单。强化省级党委和政府生态文明建设主体责任,重点评价各地区生态文明建设进展总体情况,考核国民经济和社会发展规划纲要中确定的资源环境约束性目标,以及生态文明建设重大目标任务完成情况。这次会议同意在吉林、江苏、山东、湖南、重庆、贵州、云南7省市开展生态环境损害赔偿制度改革试点。

2016年12月5日,中央深改组第三十次会议审议通过了《大熊猫国家公园体制试点方案》《东北虎豹国家公园体制试点方案》。开展大熊猫和东北虎豹国家公园体制试点,有利于增强大熊猫、东北虎豹栖息地的联通性、协调性、完整性,推动整体保护、系统修复,实现种群稳定繁衍。这项试点,统筹生态保护和经济社会发展、国家公园建设和保护地体系完善,在统一规范管理、建立财政保障、明确产权归属、完善法律制度等方面取得实质性突破。

2017年2月6日,中央深改组第三十二次会议审议通过了《按流域设置环境监管和行政执法机构试点方案》。按流域设置环境监管和行政执法机构,遵循生态系统整体性系统性及其内在规律,将流域作为管理单元,统筹上下游左右岸,理顺权责,优化流域环境监管和行政执法职能配置,实现流域环境保护统一规划、统一标准、统一环评、统一监测、统一执法,提高环境保护整体成效。

2017年5月23日，中央深改组第三十五次会议审议通过了《跨地区环保机构试点方案》。在京津冀及周边地区开展跨地区环保机构试点，围绕改善大气环境质量、解决突出大气环境问题，理顺整合大气环境管理职责，探索建立跨地区环保机构，深化京津冀及周边地区污染联防联控协作机制，实现统一规划、统一标准、统一环评、统一监测、统一执法，推动形成了区域环境治理新格局。

2017年6月26日，中央深改组第三十六次会议审议通过了《祁连山国家公园体制试点方案》《国家生态文明试验区（江西）实施方案》《国家生态文明试验区（贵州）实施方案》，审议了《国家生态文明试验区（福建）推进建设情况报告》。祁连山是我国西部重要生态安全屏障，是黄河流域重要水源产流地，也是我国生物多样性保护优先区域。开展祁连山国家公园体制试点，抓住体制机制这个重点，突出生态系统整体保护和系统修复，以探索解决跨地区、跨部门体制性问题为着力点，按照山水林田湖是一个生命共同体的理念，在系统保护和综合治理、生态保护和民生改善协调发展、健全资源开发管控和有序退出等方面积极作为，依法实行更加严格的保护。清理关停违法违规项目，强化对开发利用活动的监管。根据党中央部署，福建省推进国家生态文明试验区建设两年来，就重大改革任务开展综合试验，在构建生态文明建设责任体系、完善国土开发保护制度、推动绿色惠民、强化生态监管、发展绿色金融等方面，取得一批经验。江西省、贵州省继续建设国家生态文明试验区，聚焦重点难点问题，在体制机制创新上下功夫，为完善生态文明制度体系探索路径、积累经验。

第五章

党的十八大以来的试点工作分析

从新时期到新时代，当代中国从富起来走向强起来。从改革开放到全面深化改革，是十八大以来以习近平同志为核心的党中央治国理政的鲜明特征。

习近平总书记指出，改革开放是决定当代中国命运的关键一招，也是决定实现"两个一百年"奋斗目标、实现中华民族伟大复兴的关键一招。

在全面建成小康社会，推进中国特色社会主义伟大事业的过程中，以习近平同志为核心的党中央始终强调坚持改革开放不动摇，明确把全面深化改革作为一项重要战略任务和攻坚克难利器。

与全面深化改革相适应，十八大以来改革试点涉及范围之广、出台方案之多、触及利益之深、推进力度之大前所未有。特别是，党的十八届三中全会以来，党中央部署开展了一系列重大改革试点,并坚持一分部署、九分落实,抓铁有痕、踏石留印,推动各项改革试点相继落地、渐次开花,创造和积累了许多新鲜经验,探索和推广很多成功模式,为全面深化改革发挥了重要作用,为我国经济社会发展注入了强大动力。

十八大以来,中央深改组(委)会议几乎每次都有改革试点的议题,涉及经济体制、政治体制、文化体制、社会体制、生态文明体制等各方面的改革。中央深改组第二十二次会议和第三十七次会议,更是专门研究了改革试点工作,分别审议了《党的十八届三中全会以来改革试点工作进展情况报告》和《关于加强和规范改革试点工作的意见》。综观这一时期的改革试点工作,既有对过去成功经验的继承和运用,又创造和形成了新的宝贵经验。

第一节 试点工作呈现新特点

十八大以来的改革试点,相较以往,更加注重统筹协调,更加注重突出重点,更加注重加强党对试点工作的集中统一领导。

一、统筹推进改革的"全面"和"深化"

十八大以来的改革,实际上全面深化改革,强调完善和发展中国特色社会主义制度、推进国家治理体系和治理能力现代化。相关改革既不是推进一个领域改革,也不是推进几个领域改革,而是推进所有领域改革。相应地,试点工作涉及全面深化改革,注重推动各项改革试点相互促进、良性互动、协同配合。随着全面深化改革不断深入,各个领域各个环节改革的关联性明显增强,每一项改革都会对其他改革产生重要影响,每一项改革又都需要其他改革协同配合。可以说,这几年的改革试点覆盖"五位一体"全方位各领域,尤其是在继续推进经济体制改革试点的同时,更加关注政治体制改革等其他领域的改革试点。

习近平总书记在中央深改组第二次会议上指出,各项改革任务都要坚持以影响经济社会发展的重大问题为导向,立足于经济社会发展的瓶颈制约、群众反映强烈的突出问题,努力破除体制机制障碍。经济体制改革是全面深化改革的重头,对其他领域改革具有牵引作用,要抓好已经出台的改革措施的落实,运用好已有试点成果和研究成果,加强工作协调,使各项改革协同配套,使改革与宏观经济运行和解决人民群众关心的突出问题协同推进。简言之,经济体制改革对其他方面改革具有重要影响和传导作用,重大经济体制改革的进度决定着其他方面很多体制改革的进度,具有牵一发而动全身的作用。

改革开放以来的一个醒目现象,即经济体制改革或伴生或催生着一系列其他领域的改革,这些改革包括政治体制改革、社会体制改革、文化体制改革、生态文明体制改革以及党的建设制度改革等。邓小平在总结党的十一届三中全会提出的一系列新的政策时说:"就国内政策而言,最重要的有两条,一条是政治上发展民主,一条是经济上进行改革,同时相应地进行社会其他领域的改革。"

事实上,从1978年党的十一届三中全会至今,中国从未停止过改革的步伐,包括政治体制改革。如果真如一小部分人所说,中国近几十年几乎都没有政治体制改革,那么该如何解释这几十年的"中国奇迹"。其实,邓小平早在20世纪80年代就强调,"政治体制改革同经济体制改革应该相互依赖,相互配合。只搞经济体制改革,不搞政治体制改革,经济体制改革也搞不通,因为首先遇到人的障碍""我们所有的改革最终能不能成功,还是取决于政治体制改革"。习近平总书记2012年首次出访到广东考察工作时指出,"我们的改革历来就是全面改革。我不赞成那种笼统认为中国改革在某个方面滞后的说法。在某些方面、某个时期,快一点,慢一点是有的,但总体上不存在中国哪些方面改了,哪些方面没有改。问题的实质是改什么,不改什么,有些不改的,不能改的,再过多长时间也是不改,这不能说不改革。现在,重大改革都是牵一发而动全身的,更需要全面考量、协调推进"。

事实上,中国共产党作为执政党堪称世界上最勇于和最善于变革的政党。回顾一下,不难看出,新时期以来,贯穿中共的历届三中全会大多以"改革"为主题。改革也不局限于经济体制改革,而是涉及各个领域;政治体制改革,也不仅仅是废除领导干部终身制,而是有着十分丰富的内容,比如实行任期制、差额选举制等。

特别是十八大以来,以习近平同志为核心的党中央加大了政治体制改革试点的数量,使经济体制改革和政治体制改革更加相互促进、相得益彰。对于中国这样一个大国来说,政治改革的一个重要方法就是通过执政党自身的制度建设来向前推进。换言之,执政党自身的改革,执政党体制的完善,实际上就是政治体制改革的重要组成部分。中国的现实国情与历史国情,需要什么样的政治秩序与之相适应,并没有现成模式可以套用。越是发展快的社会,在共识的形成上可能越是困难。越是这样的情况下,越是需要国内有一个强大的领导力量。因此,政治体制改革必须稳妥把握、有序推进,绝不能照搬他国模式,特别是西方模式。正如邓小平所说,"所有别人的东西都可以参考,但也只是参考。世界上的问题不可能都用一个模式解决。中国有中国自己的模式"。

全面深化改革以促进社会公平正义、增进人民福祉为出发点和落脚点,哪里有不符合促进社会公平正义的问题,哪里就需要改革;哪个领域哪个环节问题突出,哪个领域哪个环节就是改革试点的重点。

二、把重点突破与全面推进结合起来

如前所说,十八大以来,以习近平同志为核心的党中央强调全面深化改革,这决定了改革试点的广泛性和多样性,但在多种改革试点中,并不是"一把抓""一刀切",而是有重点有聚焦。比如司法改革、生态文明体制改革就更加突显,甚至成为亮点。

"全面依法治国"是关系经济社会发展全局、党和国家长治久安的大事。为此,党的十八届四中全会通过了《关于全面依法治国若干重大问题的决定》,这是中共历史上第一个关于加强法治建设的专门决定。"国无常强,无常弱。奉法者强则国强,奉法者弱则弱。"纵观人类政治文明史,法治和人治问题是每个国家在现代化过程中都要面对和解决的一个问题。

无论是发达国家还是后发展国家,良政善治无不依赖于法治。例如同样深受儒家思想影响的新加坡,国家治理的一个重大特征便是推崇法治精神。反之，那些忽视法治、法治松弛的国家或地区，却常常与国乱民怨联系在一起。中国是创立国家制度的先行者，也是创造所谓韦伯式现代国家的第一个。然而，由于历史上缺乏法治传统，中国的现代法治进程充满坎坷。上世纪发生的"文化大革命"，很重要的一个原因就是因为放弃了法治。毛泽东曾说过，"斯大林严重破坏法制，这在英国、法国、美国这些西方国家就不可能发生"。法治兴则国家兴，法治衰则国家乱。因此，中国要发展，中华民族要振兴，必须实行法治，必须依靠法治。

解决法治领域的突出问题，根本途径在于改革。十八届四中全会提出了180多项重要法治改革举措，许多都涉及重大利益关系调整，都是难啃的"硬骨头"。这些改革的主体和对象主要是公检法等国家政权机关，都是强力部门。改革影响巨大，难度极大，因而进行改革试点，非常有必要。

几年来，司法体制改革按照党中央的部署要求扎实推进，在各个方面都取得显著成效，有力推动了全面依法治国进程，有力推动司法质量、司法效率和司法公信力全面提升。

在司法体制改革中，有两个典型案例。一是上海等地推动完善司法人员分类管理、完善司法责任制、健全司法人员职业保障、推动省以下地方法院检察院人财物统一管理、设立知识产权法院等试点。另一个是开展最高人民法院设立巡回法庭试点和设立跨行政区划人民法院、人民检察院试点。这两项改革试点涉及司法管理体制、司法权力运行机制等深层次问题，由于试点方案在基础扎实、需求迫切的地方开展，所以进展比较顺利、成效比较显著，创造了可复制、可推广的机制制度。其主要内容包括以下方面：改革人民陪审员选任条件和选任程序、扩大人民陪审员参审范围、完善人民陪审员参审案件机制、探索人民陪审员参审案件职权改革、完善人民陪审员退出和惩戒机制、完善人民陪审员履职保障制度等重要环节开展试点，提高人民陪审员广泛性和代表性，发挥人民陪审员制度的作用。在上海、广东、吉林、湖北、青海、海南、贵州、山西、内蒙古、黑龙江、江苏、浙江、安徽、福建、山东、重庆、云南、宁夏等地方开展推进司法责任制、司法人员分类管理、司法人员职业保障、省以下地方法院检察院人财物统一管理等改革试点。开展法官、检察官单独职务序列和工资制度改革试点，促进法官、检察官队伍专业化、职业化建设。开展公安机关执法勤务警员职务序列和警务技术职务序列改革试点，推进人民警察管理制度改革。推行行政执法公示制度、执法全过程记录制度、重大执法决定法制审核制度试点，打造阳光政府，让行政执法在阳光下运行，等等。

"绿水青山就是金山银山。"由习近平担任起草小组组长的十八大报告，明确提出了中国特色社会主义"五位一体"总体布局，其中包括"生态文明建设"。十八大以来，生态文明建议，被摆到了更加重要的位置，生态文明体制改革显得愈发紧迫，相应地，改革试点也因此得到了更多重视。

党的十八大以来，中央深改组下设经济体制和生态文明体制改革专项小组，对生态文明体制改革进行顶层设计和具体部署。在党中央的坚强领导下，生态文明体制改革试点，深入总结借鉴有关经验做法，做实做细实施方案，聚焦重点难点问题，呈现出多点开花稳步推进的良好态势。

在青海三江源地区选择典型和代表区域开展国家公园体制试点，实现三江源地区重要自然资源国家所有、全民共享、世代传承，促进自然资源的持久保育和永续利用；在部分地区探索实行耕地轮作休耕制度试点，既有利于耕地休养生息和农业可持续发展，又有利于平衡粮食供求矛盾、稳定农民收入。在吉林、江苏、山东、湖南、重庆、贵州、云南七省市开展生态环境损害赔偿制度改革试点，不断探索积累经验。开展大熊猫和东北虎豹国家公园体制试点，增强大熊猫、东北虎豹栖息地的联通性、协调性、完整性，推动整体保护、系统修复，实现种群稳定繁衍。统筹生态保护和经济社会发展、国家公园建设和保护地体系完善，在统一规范管理、建立财政保障、明确产权归属、完善法律制度等方面取得实质性突破。开展祁连山国家公园体制试点，抓住体制机制这个重点，突出生态系统整体保护和系统修复，以探索解决跨地区、跨部门体制性问题为着力点，按照山水林田湖是一个生命共同体的理念，在系统保护和综合治理、生态保护和民生改善协调发展、健全资源开发管控和有序退出等方面积极作为，依法实行更加严格的保护。福建省、江西省、贵州省等省积极建设国家生态文明试验区，着力探索完善生态文明制度体系。

三、坚持和加强党中央对改革试点工作的集中统一领导

中国是一个拥有 13 亿多人口、960 万平方公里土地、56 个民族的发展中大国、社会主义大国，要实现发展保持稳定，没有一个坚强有力的领导力量是不可想象的。在这样的国家进

行改革，没有党中央的权威和集中统一领导，是不可能成功的。坚持和加强党的集中统一领导是改革开放顺利进行的根本保证，也是重要经验。

30年前，邓小平强调说："我的中心意思是，中央要有权威。改革要成功，就必须有领导有秩序地进行。没有这一条，就是乱哄哄，各行其是，怎么行呢？不能搞'你有政策我有对策'，不能搞违背中央政策的'对策'。""党中央、国务院没有权威，局势就控制不住。""中央定了措施，各地各部门就要坚决执行，不但要迅速，而且要很有力，否则就治理不下来。"①

经过了几十年的发展，中国社会发生深刻变化，利益关系更加复杂，思想观念更加多元，改革也进入了深水区、攻坚期，可以说没有多少人在口头上不赞同支持改革，而实际上有些人自觉不自觉地阻碍和迟滞改革。这是全面深化改革的难处所在，也是改革要敢啃的"硬骨头"。坚持和加强党对改革的集中统一领导就是理所当然的了。着眼于全面深化改革，这几年的改革试点始终强调坚持和加强党的集中统一领导，因而进展顺利，成效显著。

第二节 试点思想逐步系统化

伟大理论指导伟大实践，新的实践孕育新的理论。十八大以来，我们党形成了习近平新时代中国特色社会主义思想，其

---

①《邓小平文选》第3卷，人民出版社，1993年，第277页。

中包括改革以及改革试点的思想。这些思想主要体现在习近平总书记的相关重要论述上。它们是改革及改革试点的重要指导和重要遵循。

一、通过改革试点凝聚改革共识

改革进入攻坚区和深水区，凝聚改革共识难度加大。从历史经验看，能否凝聚改革共识对改革能否成功至关重要。凝聚改革共识，才能形成改革合力。没有广泛共识，改革就难以顺利推进。随着经济体制深刻变革、社会结构深刻变动、利益格局深刻调整、思想观念深刻变化持续发展，统筹兼顾各方面利益任务艰巨，不同地方、不同领域、不同人群对改革必然会有不同的看法和诉求，这就需要通过改革试点更好凝聚改革共识。

也就是说，与"浅水区"的改革主要是思想观念的桎梏相比，"深水区"的一个很大特征就是利益固化的藩篱。美国马里兰大学奥尔森教授在《国家的兴衰》中曾指出，在边界不变的稳定社会中，随着时间的推移，将会出现大量的集体行动组织（即分利集团）；这些分利集团，一旦大到可以成功，就会成为排他性的，并且会尽力限制分散成员的收入和价值。经过几十年的不断改革，很多容易改的问题已经得到有效解决，留下来的大都是难啃的硬骨头，甚至是牵动全局的敏感问题和重大问题。这时的改革复杂程度、敏感程度、艰巨程度一点都不亚于过去。相应地，凝聚改革共识的重要性、必要性、艰巨性也不亚于从前。

改革试点肩负着凝聚人心的任务。十八大以来的改革，是在改革取得成功形成相应改革共识的基础上，才推向全国的。通过改革试点凝聚改革共识的过程中，党中央强调，各级领导干部要有自我革新的勇气和胸怀，跳出条条框框的限制。

二、坚持顶层设计与差别化探索相结合

邓小平同志说，我们确定的（改革）原则是：胆子要大，步子要稳。推进改革胆子要大，但步子一定要稳。对一些重大改革，不可能毕其功于一役，可以提出总体思路和方案，但推行起来还是要稳扎稳打，通过不断努力逐步达到目标，积小胜为大胜。

十八大以来的改革试点始终坚持把自上而下和自下而上的改革结合起来，鼓励地方、基层、群众积极探索，也就是继续坚持"摸着石头过河"。"摸着石头过河"是富有中国智慧的改革方法，它强调对必须取得突破但一时还不那么有把握的改革，采取试点探索、投石问路的方法，先行先试，尊重实践、尊重创造，鼓励大胆探索、勇于开拓，取得经验、看得很准了再推开。同一些国家搞所谓"休克疗法"，引起社会动乱和发展停滞相比，中国坚持"摸着石头过河"，不但推进了改革发展，而且保持了社会稳定。除了继续坚持"摸着石头过河"外，我们还注重加强顶层设计，由中央提出全面深化改革的总体规划，统一部署改革试点地区、内容和步骤，提出改革的战略目标、战略重点、优先顺序、主攻方向、工作机制、推进方式，提出改革总体方案、路线图、时间表，从而使得各项改革发挥最大效能。

习近平总书记在中央深改组第七次会议上指出，要鼓励地

方、基层、群众解放思想、积极探索，鼓励不同区域进行差别化试点，善于从群众关注的焦点、百姓生活的难点中寻找改革切入点，推动顶层设计和基层探索良性互动、有机结合。第十七次会议上他再次指出，要发挥顶层设计对基层实践的引领、规划、指导作用，鼓励各地从实际出发进行探索，因地制宜，聚焦具体问题，细化措施，细分责任，细排时间，把握好政策界限范围、尺度、节奏。基层改革创新要尽可能多听一听基层和一线的声音，尽可能多取得第一手材料。要及时总结经验，把基层改革创新中发现的问题、解决的方法、蕴含的规律及时形成理性认识，推动面上的制度创新。

进行改革试点，对全面深化改革具有重要意义。地方是推进改革的重要力量。中央通过的改革方案落地生根，必须鼓励和允许不同地方进行差别化探索。我国地区发展不平衡，改革试点的实施条件差异较大，必须坚持眼睛向下、脚步向下，尊重基层群众实践。全面深化改革任务越重，越要重视基层探索实践。要把鼓励基层改革创新、大胆探索作为抓改革落地的重要方法，坚持问题导向，着力解决好改革方案同实际相结合的问题、利益调整中的阻力问题、推动改革落实的责任担当问题，把改革落准落细落实，使改革更加精准地对接发展所需、基层所盼、民心所向，更好造福群众。既鼓励创新、表扬先进，也允许试错、宽容失败，营造想改革、谋改革、善改革的浓郁氛围。

"摸着石头过河"和加强顶层设计是辩证统一的，推进局部的阶段性改革要在加强顶层设计的前提下进行，加强顶层设计要在推进局部的阶段性改革的基础上来谋划。既要注重改革系统性、整体性、协同性，也要鼓励大胆试验、大胆突破，不断把改革引向深入。

三、让改革试点充分发挥"压力测试"作用

改革面对挑战具有风险，如何应对挑战和风险、发挥改革试点的"压力测试"作用，是一个重要办法。特别是涉及那些深层次矛盾和问题的改革，充分发挥改革试点的侦察兵和先遣队作用，发现其潜在的社会风险，探测社会的接受度和承受度，有利于保证改革的全面推进和最终成功。

习近平总书记指出，试点要取得实效，必须解放思想、与时俱进，尽可能把问题穷尽，让矛盾凸显，真正起到压力测试作用。要尊重基层实践，多听基层和一线声音，多取得第一手材料，正确看待新事物新做法，只要是符合实际需要，符合发展规律，就要给予支持，鼓励试、大胆改。要保护好地方和部门的积极性，最大限度调动各方面推进改革的积极性、主动性、创造性。要加大对试点的总结评估，对证明行之有效的经验做法，要及时总结提炼、完善规范，在面上推广。要区分不同情况，实施分类指导，提高改革试点工作有效性。

中国（上海）自贸试验区建设就十分注重以制度创新为核心，在政府职能转变、投资贸易便利化、金融开放创新、服务国家战略、支持创新创业、加强事中事后监管等领域进行压力测试，从而为中国（广东）、中国（天津）和中国（福建）自贸试验区建设提供了宝贵经验，有效发挥了全面深化改革和扩大开放试验田的重要作用。

农村土地征收、集体经营性建设用地入市、宅基地制度改

革试点工作也把压力测试摆到了重要位置。土地制度是国家的基础性制度。党的十八届三中全会明确了农村土地制度改革的方向和任务,这三项改革涉及农村集体经济组织制度、村民自治制度等一系列重要制度,关乎城镇化、农业现代化进程。严守18亿亩耕地红线是推进农村土地制度改革的底线、是试点的大前提,决不能逾越。这三项改革试点,严守土地公有制性质不改变、耕地红线不突破、农民利益不受损的底线,很好地进行了压力测试,平衡好国家、集体、个人利益,日益形成了可复制可推广经验。

四、重大改革试点要于法有据

习近平总书记在十八届三中全会以及中央深改组第二次会议上分别强调:"凡属重大改革要于法有据,需要修改法律的可以先修改法律,先立后破,有序进行。有的重要改革举措,需要得到法律授权的,要按法律程序进行。""在整个改革过程中,都要高度重视运用法治思维和法治方式,加强对相关立法工作的协调。"按照这些论述,重大改革要于法有据成为重要原则。立法引领改革,先立法、后改革,即便是"摸着石头过河",也要先有法,确保一切改革举措都在法治轨道上进行,成为常态。

改革和法治如车之两轮、鸟之两翼,相辅相成、相伴而生。进行改革试点,也要着力处理好改革和法治的关系,坚持在法治下推进改革、在改革中完善法治。对此,习近平总书记在2015年省部级主要领导干部学习贯彻党的十八届四中全会精神全面推进依法治国专题研讨班上作出了深刻阐述。他指出，我们要坚持改革决策和立法决策相统一、相衔接，立法主动适应改革需要，积极发挥引导、推动、规范、保障改革的作用，做到重大改革于法有据，改革和法治同步推进，增强改革的穿透力。对实践证明已经比较成熟的改革经验和行之有效的改革举措，要尽快上升为法律。对部门间争议较大的重要立法事项，要加快推动和协调，不能久拖不决。对实践条件还不成熟、需要先行先试的，要按照法定程序作出授权，既不允许随意突破法律红线，也不允许简单以现行法律没有依据为由迟滞改革。对不适应改革要求的现行法律法规，要及时修改或废止，不能让一些过时的法律条款成为改革的"绊马索"。

坚持重大改革于法有据，不仅保障了改革试点的规范运行，而且必将推动全面深化改革行稳致远。

五、试点是改革的重要任务，更是改革的重要方法

改革开放是发展中国特色社会主义的强大动力，将贯穿我国社会主义现代化建设全过程。将改革进行到底，全面深化改革是我们面临的战略任务。如何把这一战略任务落实好完成好？"试点是改革的重要任务，更是改革的重要方法。"习近平总书记的这一精辟概括，给我们指明了先进方向和路径。

我国改革开放就是这样走过来的，是先试验、后总结、再推广不断积累的过程，是从农村到城市、从沿海到内地、从局部到整体不断深化的过程。这种渐进式改革，避免了因情况不明、举措不当而引起的社会动荡，为稳步推进改革、顺利实现目标提供了保证。

十八大以来的改革，更是这样全面走向深化的，突破了一

些过去认为不可能突破的关口，也解决了一些多年来想解决但一直没有很好解决的问题，形成了许多具有基础性、支撑性的重大制度成果。整个改革过程，坚持真刀真枪、大刀阔斧，涉险滩、动奶酪、啃硬骨头，改革呈现全面发力、多点突破、蹄疾步稳、纵深推进的良好态势。实践证明，中央确定的改革总体目标和阶段性目标是符合实际的，改革试点的战略战术是行之有效的。

联系改革开放以来，特别是十八大以来的我国改革发展实践，我们深深感到，改革是一项极其复杂的系统工程，是一种难度极高的宏大课题。对于我们这样一个大国来说，要通过改革实现发展振兴，保持和谐稳定，什么时候都不能不高度重视采取正确的战略战术和方式方法。试点正是我们到达成功彼岸的智慧选择。改革试点为中国从站起来走向富起来和强起来积累了宝贵经验，提供了强大动力，为全面深化改革、完善和发展中国特色社会主义制度、推动国家治理体系和治理能力现代化提供了重要抓手，已经成为中国改革的重要标志和重要经验。